动画视频 + 全彩图解

新能源汽车保险与理赔

秦立家
杨宝学 编著

化学工业出版社
·北京·

内容简介

本书精心选取了最新《中华人民共和国保险法》《机动车交通事故责任强制保险条例》《道路交通安全法实施条例》相关常识和实用内容，主要以全彩图解的形式进行介绍，对新能源汽车保险与理赔知识及相关法律法规条文进行全面解读。书中涉及具体操作的内容配套效果逼真的3D MP4动画演示视频讲解，可使读者在学习新能源汽车保险与理赔相关法律条文过程中不再感到枯燥、难于记忆，轻松学习、理解和掌握。

本书适合汽车驾驶员、新能源汽车车主、驾驶培训学校及大专院校汽车保险相关专业师生，以及对新能源汽车和道路交通安全法规、汽车保险法等感兴趣的读者阅读。

图书在版编目（CIP）数据

动画视频 + 全彩图解新能源汽车保险与理赔 / 秦立家，杨宝学编著. -- 北京 ： 化学工业出版社，2025. 11.

ISBN 978-7-122-49136-7

Ⅰ. F842.634-64

中国国家版本馆CIP数据核字第20252FK674号

责任编辑：黄　滢　　　装帧设计：王晓宇

责任校对：李露洁

出版发行：化学工业出版社（北京市东城区青年湖南街13号　邮政编码100011）

印　　装：天津裕同印刷有限公司

710mm×1000mm　1/16　印张12　字数221千字　2026年1月北京第1版第1次印刷

购书咨询：010-64518888　　　售后服务：010-64518899

网　　址：http://www.cip.com.cn

凡购买本书，如有缺损质量问题，本社销售中心负责调换。

定　　价：69.80元

前 言

PREFACE

随着国内私家车的日益普及，新能源汽车驾驶员规模持续扩大，新能源汽车保险理赔与交通安全问题，逐渐成为社会广泛关注的焦点。

为帮助广大读者尽快熟悉和掌握新能源汽车保险与理赔知识，以及相关法律法规常识，避免因自身知识欠缺引发的人身安全、财产损失，减少安全隐患与衍生社会问题，在化学工业出版社组织下，特编写了本书。

本书依据最新版《中华人民共和国保险法》《机动车交通事故责任强制保险条例》《道路交通安全法实施条例》编写而成。聚焦新能源汽车领域，精选常用实用内容，以彩色图解的形式，深度解读法规条文。

全书共8章：第1章讲解汽车保险基础，含常用术语、作用与原则；第2章剖析纯电动、混合动力、燃料电池汽车等各类新能源汽车的结构与原理；第3章介绍新能源汽车保险及投保，覆盖交强险与商业险；第4章阐述保险理赔，区分交强险和商业险理赔；第5章涉及事故查勘与定损流程；第6章说明退保、转保的原则与技巧；第7章结合具体案例讲解拒赔知识；第8章模拟单方、双方事故场景；第9章罗列相关法律法规。

本书图片丰富直观，复杂知识点配套MP4三维动画演示视频，扫描书内相关章节的二维码即可观看。图文和视频对照学习，便于读者高效理解掌握。

本书适用于法律法规初学者，也可供相关院校、道路交通及驾驶培训机构组织日常教学、培训使用，对车辆保险、交通安全法规感兴趣的读者也可参阅。全书配备多媒体电子教学PPT课件，有需要的读者可致电010-64519275或发邮件至编辑邮箱 huangying@cip.com.cn免费领取（请提供购书截屏）。

本书由秦立家、杨宝学编著。因水平所限，若有疏漏不妥，恳请读者批评指正。

编著者

目录

第8章 车险事故场景模拟

第9章 保险法律法规

第1章 汽车保险基础知识

1.1 汽车保险常用术语

1.1.1 汽车保险基本术语

❶ 保险人和被保险人。保险人指保险公司，在汽车保险中，就是有权经营汽车保险的保险公司。被保险人一般是指受保险合同保障的汽车所有者，也就是行驶证上登记的车主。

❷ 第三者。保险合同中，保险人是第一方，也叫第一者；被保险人或致害人是第二方，也叫第二者；除保险人与被保险人之外的因保险车辆意外事故而遭受人身伤害或财产损失的受害人是第三人，即第三者。

❸ 新车购置价。指保险合同签订的购置价与保险车辆同类型新车（含车辆购置附加税）的价格，它是投保时确定保险金额的基础。

❹ 保险金额。指保险单上载明的保险标的实际投保的金额，也是保险公司承担赔偿义务的最高限额。

❺ 保险费和保险费率。保险费简称保费，是投保人或被保险人根据保险合同的规定，为取得因约定事故发生所造成的经济损失赔偿的权利，而缴付给保险人的费用。保险费率简称费率，是保险人计算保险费的依据。保险人向被保险人收取的每单位保险金额的保险费通常都用百分率或千分率来表示。

❻ 保险责任。指保险公司承担赔偿或者给付保险金责任的项目。

❼ 保险合同和不定值保险合同。保险合同指投保人和保险人双方约定保险权利及义务关系的协议；在汽车保险中，保险合同不是单一的，而是由“投保单”“保险单”“批单”等共同构成的。不定值保险合同指双方当事人在订立保险合同时不预先确定保险标的的保险价值，而是按照保险事故发生时保险标的的实际价值确定保险价值的保险合同。

❽ 保险期间。这是保险合同中规定的一个时间期限，只有保险事故发生在这个期限内，保险人才承担保险责任。

❾ 主险和附加险。主险构成保险合同的主体，可以单独购买的保险品种就是主险。必须随附在主险上的品种称为附加险。

❿ 投保单和保险单。投保单是投保人申请投保的一种书面凭证，投保单通常由保险公司提供，由投保人填写并签字或盖章后生效，保险公司根据投保人填写的投保单内容出具保险单。保险单简称保单，是保险公司与投保人订立的保险合同的书面证明部分；保险单由保险公司出具，上面载明保险公司与被保险人之间的权利和义务关系，是被保险人向保险公司索赔的凭证。

⑪批单。保险合同的内容需要变更时，才需要批单；批单是为了变更保险合同的内容，保险公司出具给被保险人的补充性的书面证明。

⑫实际价值和全部损失。实际价值是指同类型车辆市场新车购置价减去该车已使用期限折旧金额后的价格。全部损失指保险车辆整体损毁，或保险车辆的修复费用与施救费用之和达到或超过出险时的实际价值，保险公司可推定全损。

⑬单方肇事事故。指不涉及与第三方有关的损害赔偿的事故，但不包括因自然灾害引起的事故。

⑭车上人员。这是指发生意外事故的瞬间，在保险车辆车体内的人员，包括正在上下车的人员。

⑮事故责任免赔率。这是指在保险合同中，在保险责任范围内，根据保险车辆驾驶人在事故中所负责任所确定的，保险公司不予赔偿的损失部分与全部损失的比率。

1.1.2 汽车保险专用术语

❶被保险人允许的驾驶人。是指获得被保险人允许的，出险时驾驶保险机动车的人员。

❷碰撞。是指保险机动车及其符合装载规定的货物与车体以外的固态物体的意外直接撞击。

❸自燃。是指保险机动车因本车电器、线路、供油系统、供气系统发生故障或载运的货物自身、机动车运转摩擦等原因造成的起火燃烧。

❹交通肇事后逃逸。是指发生交通事故后，交通事故当事人为逃避法律追究，驾驶车辆或者遗弃车辆逃离交通事故现场的行为。

❺推定全损。当保险机动车的修复费用与施救费用之和预计达到或超过出险时保险机动车实际价值的80%时，视为保险机动车推定全损，保险人按照保险机动车全部损失的规定进行赔偿。

❻减值损失。指由于局部损坏导致财物修复后整体价值的减少。

❼施救费用。是指符合国家或者地方政府有关规定或者当地行业标准的，为保护、抢救保险机动车而发生的直接必要的费用。

1.1.3 汽车保险的定义

汽车保险（图1-1-1）是指以机动车辆为保险标的的保险，其保障范围包括车辆本身因自然灾害或意外事故导致的损失，以及车辆所有人或其允许的合格驾驶员因使用车辆发生意外事故所负的赔偿责任。

车辆本身损失常见原因有：碰撞、倾覆、坠落、火灾、爆炸、外界物体坠落、倒塌、雷击、暴风、暴雨、洪水、龙卷风、冰雹、台风、热带风暴、地陷、崖崩、滑坡、泥石流、雪崩、冰陷、暴雪、冰凌、沙尘暴，以及自燃、盗窃、抢劫、玻璃破碎、车辆停驶利润、车身划痕、标准配置外的设备损坏、随车行李物品损坏、事故发生后的抢险救灾费用等。为保障以上风险，开设了相应的保险险种，如车辆损失险、车身划痕险、车轮单独损失险、新增设备损失险等，这些都属于损失类保险，可归为财产损失保险范畴。

图 1-1-1　汽车保险

车辆在使用过程中常引发的责任有：因车辆发生碰撞、倾覆、坠落、火灾等意外事故导致第三者人员或财产损害的赔偿责任、车上人员或财产损害的赔偿责任、因车载货物掉落而引起的第三者人员或财产损害的赔偿责任。为保障以上风险，开设了相应的保险险种，如机动车第三者责任险、车上人员责任险、车上货物责任险等，这些都属于责任类保险，可归为责任保险范畴。总之，汽车保险既属于财产损失保险范畴，又属于责任保险范畴，是综合性保险。

1.2 汽车保险的作用

汽车保险在社会生产和生活中发挥的作用主要表现如下。

（1）扩大了汽车需求

人们使用汽车，面临着交通事故、盗抢、火灾、水灾、雹灾等风险。汽车保险的出现，使人们可以把用车风险转给保险公司（图 1-2-1），解除了后顾之忧，在一定程度上提高了购车欲望，扩大了汽车需求。

（2）稳定了公共秩序

有了汽车保险，发生交通事故后，能比较轻松地履行对第三者的赔偿

（图 1-2-2），有利于维护受害者的权益，稳定了公秩序。

图 1-2-1　保险公司理赔

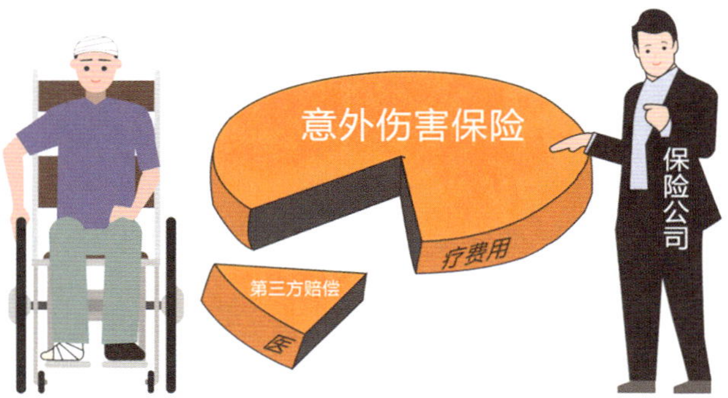

图 1-2-2　赔偿第三者

（3）促进了汽车安全

保险公司为降低经营风险，会想方设法预防风险、控制损失。他们联合汽车生产厂家开展汽车事故原因的统计分析和研究，开发更加安全的汽车（图 1-2-3）。保险公司的主动参与，加上为此投入的大量人力和财力，会极大地促进汽车安全性能的提高。

图 1-2-3　汽车检验合格

1.3 汽车保险基本原则

1.3.1 保险利益原则

保险利益原则又称“可保利益”或“可保权益”，投保人或被保险人基于对保险标的上的某种权益，而能享有的财务利益。如在财产保险中，当某项财产（保险标的）遭受不幸事件时，倘若某人将有财产损失（图1-3-1），则他对此财产就具有保险利益；反之则不具有保险利益。在人寿保险中，保险利益即为投保人或受益人对于他人的继续生存而能享有的财务利益。保险契约的订立，投保人或被保人或受益人对其所投保的保险标的必须具有保险利益。否则保险契约不能生效。

图 1-3-1 轮胎损坏

1.3.2 诚信原则

诚信原则要求保险合同当事人在合同订立时和有效期内，应依法向对方提供足以影响对方做出订约与履约决定的全部实质性重要事实，并绝对信守合同订立的约定与承诺。这个原则不仅体现在投保人的如实告知义务上，也要求保险人明确说明保险条款内容，确保双方信息对称。

诚信原则是保险合同的基石，它保障了保险合同的公平性和合理性，确保了合同双方的权益得到有效维护。在汽车保险中，由于车辆状况、驾驶习惯等因素对保险风险有直接影响，因此最大诚信原则尤为重要。

（1）投保人的如实告知义务

根据《中华人民共和国保险法》（以下简称《保险法》）第十六条，订立保险合同时，保险人就保险标的或者被保险人的有关情况提出询问的，投保人应当如实告知。

投保人应如实告知车辆的基本信息（如车型、车牌号、使用年限等）、驾驶人的基本情况（如驾驶经验、违章记录等）以及车辆的使用情况（如行驶里程、是否经常长途行驶等）。这些信息对于保险人评估保险风险和确定保险费率至关重要（图1-3-2）。

图 1-3-2 投保

如果投保人故意或者因重大过失未履行如实告知义务，足以影响保险人决定是否同意承保或者提高保险费率的，保险人有权解除合同。在合同解除前发生的保险事故，保险人不承担赔偿或者给付保险金的责任。

（2）保险人的明确说明责任

同样依据《保险法》的相关规定，保险人在订立保险合同时，应当向投保人明确说明保险条款的内容，特别是关于保险责任、免责条款等重要内容。

保险人应详细解释保险条款中的专业术语、保险责任范围、免责情形等，确保投保人充分理解（图 1-3-3）并同意合同内容。对于汽车保险中的特殊条款（如盗抢险、涉水险等），保险人更应重点说明。

图 1-3-3 说明重复购买车险的情况

如果保险人未履行明确说明责任，导致投保人对合同内容产生误解或不清楚的，投保人有权要求保险人承担相应的法律责任。

1.3.3 近因原则

近因原则是指，在保险事故中，只有当造成损失的最直接、最有效的原因（即近因）属于保险责任范围内时，保险公司才承担赔偿责任。这个原则强调了原因与结果之间的直接联系。在处理汽车保险索赔时，保险公司会依据近因原则来判断是否应赔偿损失。

❶ 单一原因造成的损失。如果汽车损失是由一个单一且明确的原因造成的，那么这个原因即为近因。例如，如果一辆汽车在行驶中因碰撞而损坏，且碰撞是事故的唯一原因，那么碰撞就是损失的近因。如果碰撞属于保险责任范围内，保险公司就应承担赔偿责任。

❷ 多种原因造成的损失。在某些情况下，汽车损失可能是由多个原因共同造成的。此时，需要确定哪个原因是最直接、最有效的，即近因。例如，如果一辆汽车在暴雨中行驶时因涉水熄火导致发动机损坏，同时车辆还因被其他车辆追尾而受损（图 1-3-4），在这种情况下，需要分析哪个原因是导致发动机损坏的近因。如果暴雨导致的涉水熄火是近因，且属于保险责任范围内（如购买了涉水险），则保险公司应承担赔偿责任；如果追尾是近因，且属于保险责任范围内（如购买了车损险），则保险公司同样应承担赔偿责任。

图 1-3-4 追尾事故

近因的判定是保险公司决定是否承担赔偿责任的关键。如果近因属于保险责任范围内，保险公司就应承担赔偿责任；如果近因不属于保险责任范围内，保险公司则不承担赔偿责任。例如，如果一辆汽车因未按规定进行保养而导致发动机损坏，那么未按规定保养就是损失的近因。由于这不属于保险责任范围内（如保险条款中通常排除因未按规定保养导致的损失），因此保险公司不承担赔偿责任。

1.3.4 损失补偿原则

损失补偿原则是被保险人在保险合同所约定的危险事故发生之后，对其所遭受的实际损失或损害，可以获得充分的补偿（图 1-3-5）。其主要内容包括：

图 1-3-5 损失补偿

❶赔偿金额应公平合理，合法合情，并经征得被保险人的同意；

❷损失价值的估计，应以发生危险事故的当时当地市价估计为准则；

❸当损失价值无法估计，或当事人之间出现意见分歧时，可以采用恢复原状或其他方式进行补偿；

❹保险标的物多于一项时，应逐项分开计算，各项的赔偿金额之和不得超过保险金额；

❺除定值保险外，应按危险事故发生时实际损失价值为准则，并以保险金额为限，以防道德危险的发生；

❻严格核对保险单的时效、财产存放地点、保险项目、被保险人，并分析出险的真正原因，努力做到该赔则赔，不该赔则绝不赔。

1.3.5 代位追偿原则

代位追偿原则指当保险标的发生保险责任范围内的由第三者责任造成的损失，保险人向被保险人履行损失赔偿责任后，有权在其已经赔付金额的限度内取得被保险人在该项损失中向第三人责任方要求赔偿的权利。保险人取得该项权利后，即可取代被保险人的地位向第三人责任方索赔。

第2章

新能源汽车分类与结构原理

2.1 新能源汽车分类

2.1.1 纯电动汽车

纯电动汽车（battery electric vehicle，BEV），也就是人们常说的纯电动车，即只有电池提供能源供给，只有电动机提供动力，驱动汽车前行。这类车型可以实现行驶过程完全零排放。

纯电动汽车通过充电桩从电网获取电能，将电能储存在内部的动力电池中，当汽车工作时，电池能量将用于驱动电动机运转产生动力，动力通过减速器传递至车轮，从而带动汽车运动。

工作原理：蓄电池→电流→电力调节器→电动机→动力传动系统→驱动汽车行驶（图2-1-1）。

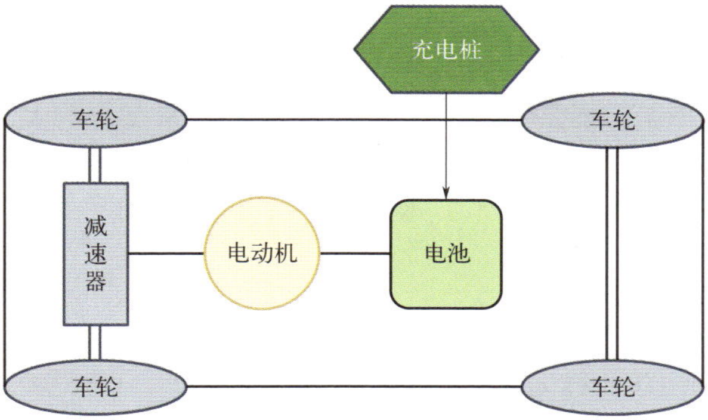

图 2-1-1　纯电动汽车工作原理示意

2.1.2 油电混合动力汽车

油电混合动力汽车（hybrid electric vehicle，HEV），一般指由燃油和电池提供能源，燃油发动机和电动机提供动力（图2-1-2）。这种车型一般电池容量较小，不提供充电接口，电池的能量通过汽车运行过程中的能量回收进行充电。

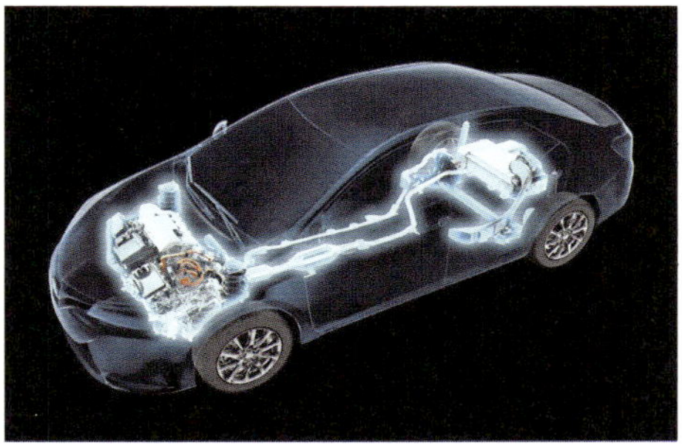

图 2-1-2　油电混合动力汽车

该车型的电动机功率也不大，在

起步和加速等场景时，电动机会辅助燃油发动机提供动力。因为有了电动机的辅助，充分发挥电动机的大扭矩优势，在起步和加速过程中的整体效率得到提升，并使车辆整体油耗显著下降。

2.1.3 插电式混合动力汽车

插电式混合动力汽车（plug-in hybrid electric vehicle，PHEV）比起HEV，其车载动力电池可以通过插座进行充电（图2-1-3）。能量由电池和燃油提供，动力由燃油发动机和电动机提供。不同的汽车厂商在PHEV上对于电池的容量、电机的数量、电机的功率配置有较大差异，也形成了不同的整车风格和特点。

这类车型可以通过电机和燃油机的介入算法形成多种驱动组合，比如纯电动模式、纯燃油机模式、电机加燃油机混合模式等。

图 2-1-3 插电式混合动力汽车

2.1.4 增程式电动汽车

增程式电动汽车（extended-range electric vehicles，EREV）通过燃油发电，给电池充电，电动机驱动汽车行驶（图2-1-4）。电机驱动，有电动汽车的良好特性。可以配置较小容量电池，重量轻，成本低。因为可以通过燃油发电，没有续航里程不足的顾虑。

2.1.5 燃料电池汽车

燃料电池汽车（fuel cell vehicle，FCV）通过燃料的化学能转化为电能，提供行驶所需的能量，并由电动机驱动汽车行驶（图2-1-5）。目前主要的燃料类型为氢。

燃料电池的能量补充是通过加燃料的方式，因此时间和加油相近，可以快速完成。另外燃料电池能量转换过程效率高，无噪声，无污染物排出。

图 2-1-4　增程式电动汽车

图 2-1-5　燃料电池汽车

2.2 新能源汽车的主要结构

2.2.1 电力驱动系统

（1）驱动电机

新能源汽车驱动电机（图2-2-1）的作用是将电能转化为机械能，为车辆提供驱动力，并在制动时将动能转化为电能进行能量回收。

（2）驱动电机控制器

新能源汽车驱动电机控制器（MCU）是电动汽车驱动系统的核心控制部件（图2-2-2），主要作用是将动力电池的直流电转换为驱动电机所需的三相交流电，并实时调整电机的输出转矩和转速，以适应车辆不同行驶状态的需求。

图 2-2-1　驱动电机

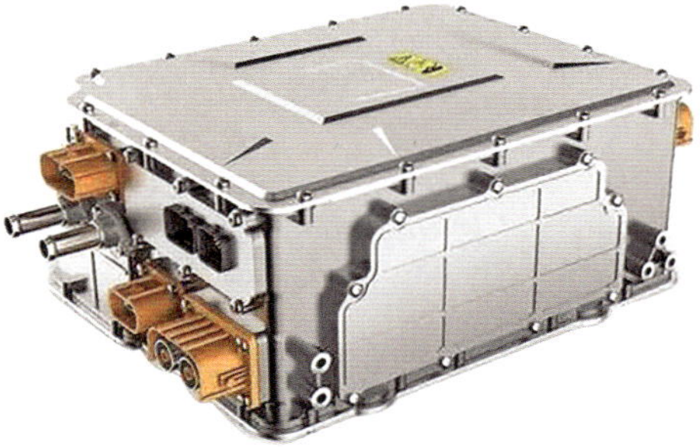

图 2-2-2　驱动电机控制器

（3）传动装置

新能源汽车传动装置的主要作用是将发动机产生的动力有效传递给汽车驱动车轮，从而产生驱动力，使汽车能够在特定速度范围内行驶（图2-2-3）。

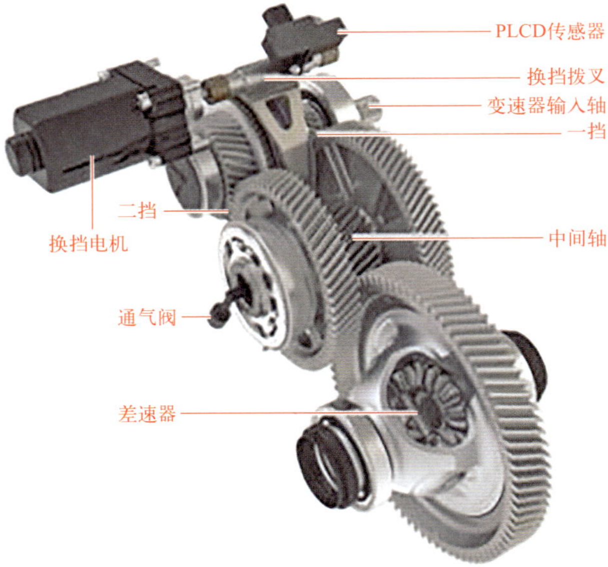

图 2-2-3　新能源汽车传动装置

2.2.2　电源系统

（1）动力电池

在新能源汽车中为车辆提供动力源的电池称为动力电池。动力电池的作用是接收和储存由车载充电机、发电机、制动能量回收装置或外置充电装置提供的高压直流电，并且为电动汽车提供高压直流电。动力电池的结构如图2-2-4所示。

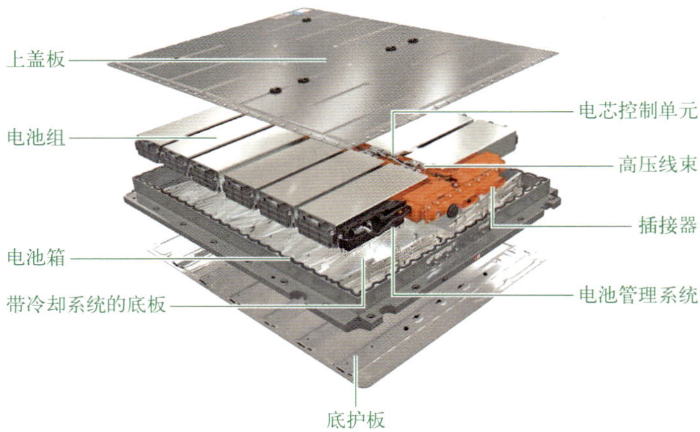

图 2-2-4　动力电池的结构

（2）电池管理系统

新能源汽车电池管理系统（BMS）的核心作用是确保电池组安全高效运行（图2-2-5）。

电池管理系统主要实现以下功能。

❶ 实时监测与管理电池状态。实时采集电池电压、电流、温度及绝缘状态等参数，评估电池健康状况并诊断过充、过放等异常状态。

❷ 均衡单体电池差异。通过被动或主动均衡技术（如电阻分流或储能元件转移电量）平衡单体电压，避免“木桶效应”导致容量衰减。

❸ 保障安全运行。实施过充/过放保护、短路保护及碰撞自动断电机制，防止热失控引发的安全隐患。

❹ 优化能量分配。根据驾驶需求动态调整充放电功率，提升续航里程；在混合动力车型中协调发动机与电池组的能量流动。

❺ 热管理。采用风冷或液冷技术控制电池温度，确保电解液活性并降低内阻，间接提升续航能力。

（3）车载充电机

新能源汽车车载充电机（OBC）的核心作用是将电网的交流电转换为动力电池所需的直流电（图2-2-6），同时具备多重安全保护功能，确保充电过程稳定可靠。车载充电机的主要功能如下。

图 2-2-5　电池管理系统

图 2-2-6　车载充电机

❶ 电力转换。将单相/三相交流电转换为高压直流电，适配动力电池的充电需求。

❷ 安全保护。过压/欠压保护、过流保护、短路保护、温度监控等，防止电池损坏。高压互锁功能，避免人员触电风险。

❸ 通信与控制。通过CAN网络与电池管理系统（BMS）实时交换数据，动态调整充电参数。

❹ 能量回收。支持动能回收（如制动时将机械能转化为电能回充电池），提升续航效率。

❺ 双向充放电。可实现车对车（V2V）或车对电网（V2G）的能量传输，

提升充电灵活性。

（4）DC/DC转换器

新能源汽车中的DC/DC转换器（图2-2-7）主要承担高压直流电到低压直流电的转换，为整车低压电气系统提供稳定电源，并具备电压监控与保护功能。DC/DC转换器的核心功能如下。

❶电压转换。将动力电池的高压直流电转换为12V等低压直流电，供给车载电器系统（如灯光、空调、中控等）使用。

❷智能充电管理。当车辆长时间停放时，系统自动监测12V电源电压，若低于设定值则由电池组补充充电，防止蓄电池亏电。

❸系统保护。实时监测蓄电池电压状态，确保车辆电气系统在安全范围内稳定运行。

（5）高压控制盒

新能源汽车高压控制盒（又称高压配电盒）是高压系统的核心管理部件（图2-2-8），主要实现电能分配、安全保护及系统监控功能。高压控制盒的主要作用如下。

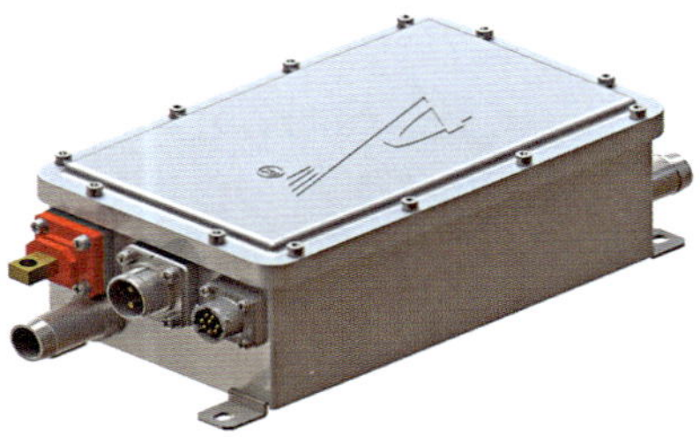

图2-2-7　DC/DC转换器

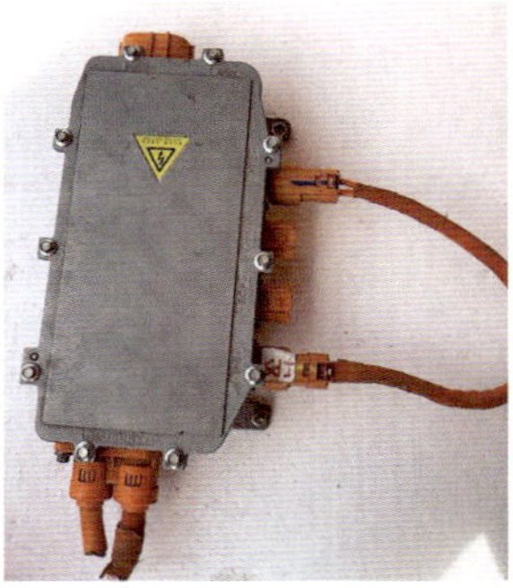

图2-2-8　高压控制盒

❶高压配电管理。通过母排及线束将动力电池的高压电精准分配至驱动电机、空调压缩机、PTC加热器等高压设备，同时将充电接口的电流引入动力电池进行充电。支持空调回路、DC/DC转换器等多种供电回路控制。

❷安全保护机制。具备过流、过压、过温保护功能，可快速切断电路，防止设备损坏；在车辆碰撞等紧急情况下自动切断高压电，避免二次伤害。采用铸铝外壳和IP67防护等级设计，适应恶劣工况。

❸实时监控与通信。通过CAN通信实时交换数据，实现与其他系统协同工作；采集电流、电压及高压连接状态等信息，确保系统稳定运行。

❹高效电能转换。集成DC/DC转换模块，将高压直流电转换为低压直流电，为整车低压系统供电；支持直流/交流双向充放电功能。

2.3 新能源汽车的工作原理

2.3.1 新能源汽车充电工作原理

2.3.1.1 慢充充电工作原理

（1）慢充系统的定义

以纯电动汽车为例，其由车载动力蓄电池提供能量，并由驱动电机提供动力来实现行驶。动力蓄电池能量消耗后需要补充电量，通过把电网或者其他储能设备中的电能转移到纯电动汽车动力蓄电池的过程就是充电（图2-3-1）。

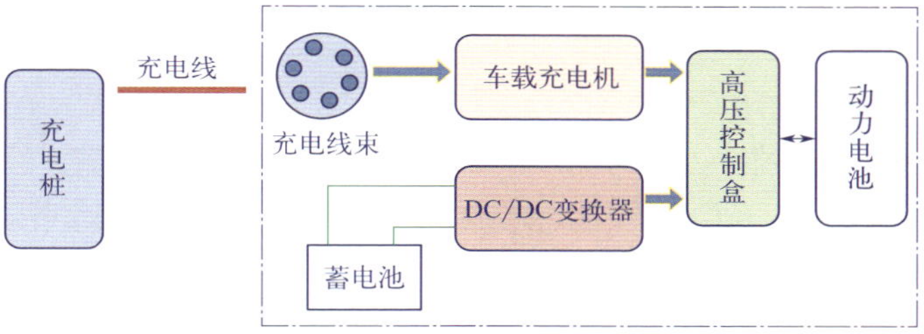

图 2-3-1 充电系统框图

（2）慢充系统的工作原理

充电枪连接后通过充电机反馈到VCU，再唤醒仪表显示连接状态（负触发）；充电机同时唤醒VCU和BMS（正触发），VCU唤醒仪表启动显示充电状态（负触发）；正、负主继电器由VCU发出指令，由BMS控制闭合（图2-3-2）。

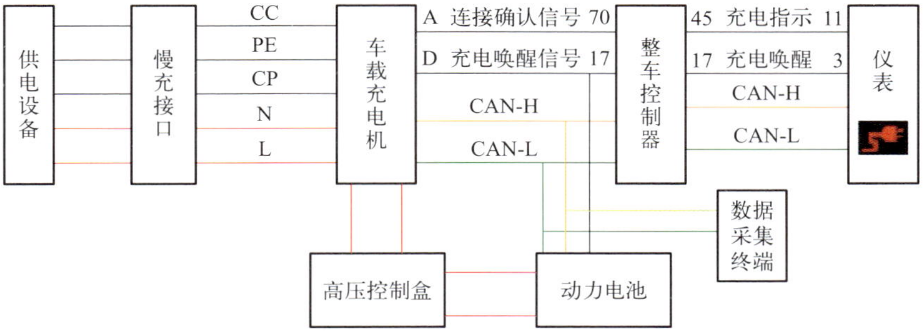

图 2-3-2 慢充模式结构原理示意

充电桩通过CC连接确认信号后，把S_1开关从12V端切换到PWM端；当检测点1电压降到6V时，充电桩K_1/K_2开关闭合输出电流（图2-3-3）。

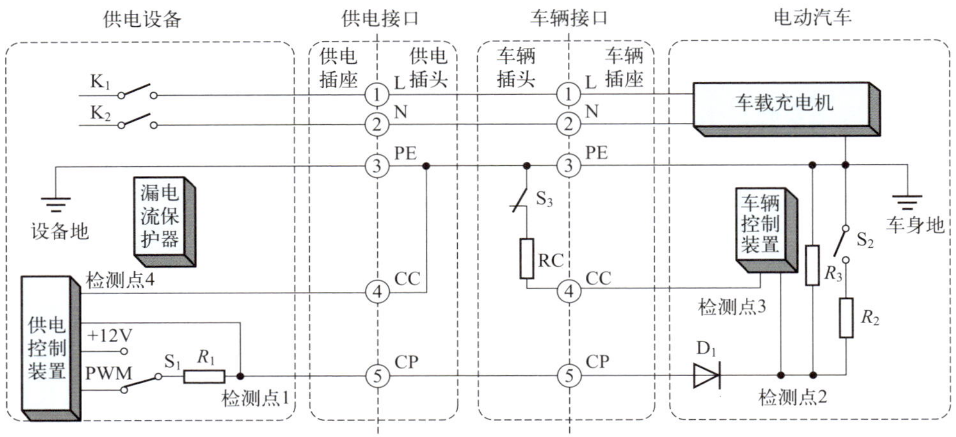

图 2-3-3　慢充模式工作原理示意

2.3.1.2　快充充电工作原理

（1）快充系统的定义

以纯电动汽车为例，其快充是指把三相380V的交流电在充电桩内转换为高压直流电，然后直接给动力电池充电。这种模式下，在半小时内可以把电池充满到80%的状态。

（2）快充工作原理

直流充电安全保护系统：非车载充电机控制装置，电阻R_1、R_2、R_3、R_4、R_5，开关S，直流供电回路接触器K_1和K_2（可以仅设置1个），低压辅助供电回路接触器K_3和K_4（可以仅设置K_3），充电回路接触器K_5和K_6（可以仅设置1个），电子锁以及车辆控制装置，其中车辆控制装置可以集成在蓄电池管理系统中。电阻R_2和R_3安装在车辆插头上，电阻R_4安装在车辆插座上。开关S为车辆插头的内部常闭开关，当车辆插头和车辆插座完全连接后，开关S闭合。在整个充电过程中，非车载充电机控制装置应能监测接触器K_1、K_2，接触器K_3、K_4，以及电子锁状态，并控制其接通及关断；车辆控制装置应能监测接触器K_5和K_6的状态并控制其接通及关断，如图2-3-4所示。

充电过程如下。

❶将车辆插头和车辆插座插合后，车辆的总体设计方案可以自动启动某种触发条件，通过互锁或者其他控制措施使车辆处于不可行驶状态。

❷操作人员对非车载充电机进行充电设置后，非车载充电机控制装置通过测量检测点1的电压值判断车辆插头与车辆插座是否已完全连接，如检测点1的电压值为4V，则判断车辆接口完全连接，非车载充电机控制电子锁锁止。

❸在车辆接口完全连接后，如非车载充电机完成自检，则闭合接触器K_3和K_4，使低压辅助供电回路导通，同时开始周期发送“充电机辨识报文”；在

得到非车载充电机提供的低压辅助电源供电后，车辆控制装置通过测量检测点2的电压值判断车辆接口是否已完全连接；如检测点2的电压值为6V，则车辆控制装置开始周期发送“车辆控制装置（或蓄电池管理系统）辨识报文”，该信号也可以作为车辆处于不可行驶状态的触发条件之一。

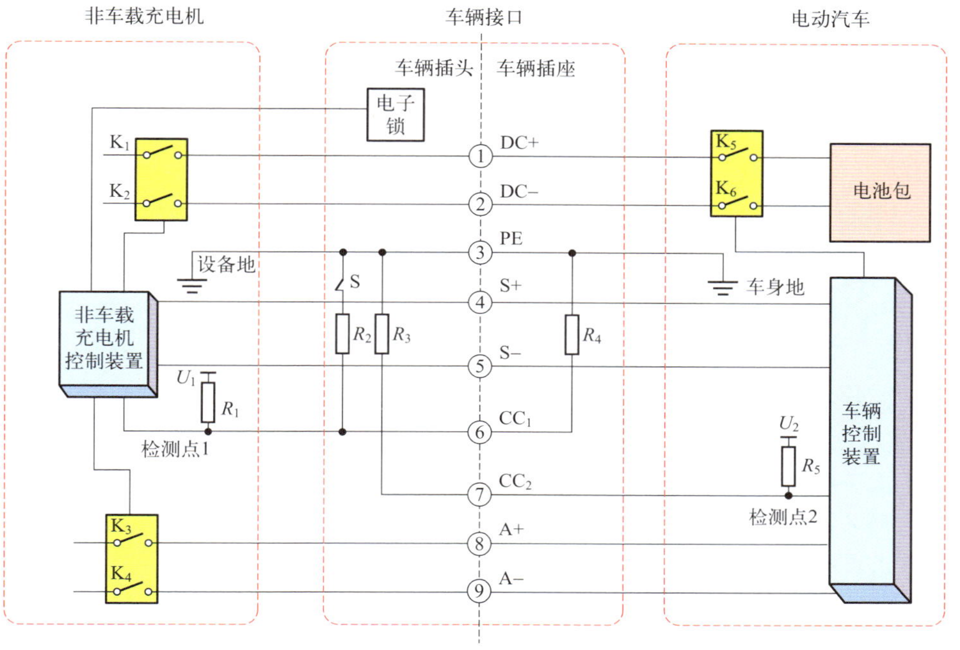

图 2-3-4　直流充电安全保护系统

❹ 车辆控制装置与非车载充电机控制装置通过通信完成“握手”和配置后，车辆控制装置闭合接触器K_5和K_6，使充电回路导通，非车载充电机控制装置闭合接触器K_1和K_2，使直流供电回路导通。

❺ 在整个充电阶段，车辆控制装置通过向非车载充电机控制装置实时发送充电级别需求来控制整个充电过程，非车载充电机控制装置根据动力蓄电池充电级别需求来调整充电电压和充电电流，以确保充电正常进行。此外，车辆控制装置和非车载充电机控制装置还相互发送各自的状态信息。

❻ 车辆控制装置根据动力蓄电池系统是否达到满充状态或是否收到“充电机中止充电报文”来判断是否结束充电。在满足以上充电结束条件时，车辆控制装置开始周期发送“车辆控制装置（或蓄电池管理系统）中止充电报文”，在一定时间后断开接触器K_5和K_6；非车载充电机控制装置开始周期发送“充电机中止充电报文”，并控制充电机停止充电，之后断开接触器K_1、K_2、K_3和K_4，然后电子锁解锁。

2.3.2　新能源汽车行驶工作原理

2.3.2.1　纯电动汽车（BEV）

纯电动汽车由动力电池的能量使得驱动电机驱动车轮前进，能量流动路线：动力蓄电池→动力总成控制→电动/发电机→变速器→减速器。其中，动力蓄电池提供电流，经过驱动电机控制器后输出至电动机，然后由电动机提供扭矩，经传动装置后驱动车轮实现车辆的行驶（图2-3-5）。

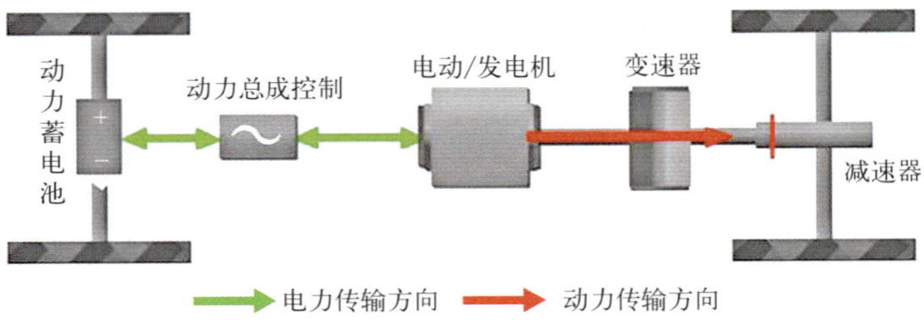

图 2-3-5　纯电动汽车能量流动路线

2.3.2.2　油电混合动力汽车（HEV）

以丰田普锐斯为例。根据行驶条件的不同，汽车在稳定运行过程中，混合动力系统可能处于不同的工作状态，以最大限度地适应车辆的行驶状况：

❶ 在起动机低速行驶时，普锐斯混合动力系统仅利用电动机的动力来行驶，因为这时发动机的效率不高；

❷ 在一般行驶时发动机效率很高，发动机产生的动力不仅是车轮的驱动力，同时用于发电带动电动机，并给动力电池充电。

❸ 在减速或制动时，普锐斯混合动力系统以车轮的旋转力驱动电动机发电，将能量回收到动力电池中。

工作模式及能源流动路线如下。

（1）启动模式

充分利用电动机启动时的低速转矩。

当汽车启动时，混合动力系统仅使用由HV蓄电池提供能量的电动机的动力启动，这时发动机并不运转（图2-3-6）。

发动机不能在低速区间输出大转矩，而电动机可以灵敏、顺畅、高效地进行启动。

（2）低速/中速行驶模式

由高效利用能量的电动机驱动行驶。

对于发动机而言，在低速/中速区间的效率并不理想，但电动机在低速/中速区间性能优越。因此，在低速/中速行驶时，混合动力系统使用HV蓄电池的电力，驱动电动机行驶。其能量流动路线与启动模式相同，见图2-3-6。

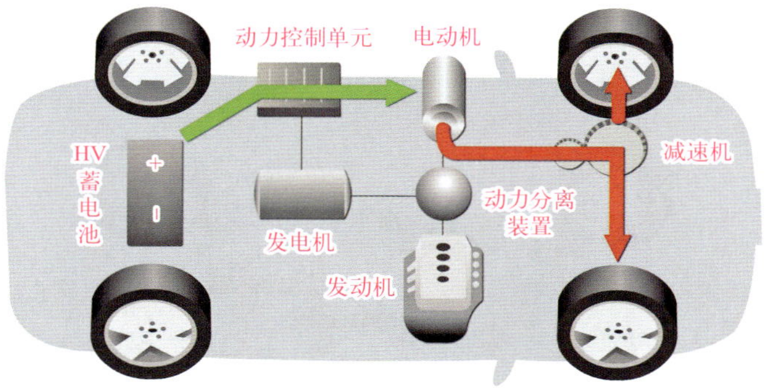

图 2-3-6　启动模式能量流动路线

（3）一般行驶模式

低油耗的驾驶，使用发动机作为主要动力源。

混合动力系统采用发动机，使它在能产生最高效率的速度区间驱动。由发动机产生的动力直接驱动车轮，依照驾驶状况部分动力被分配给发电机。发电机产生的动力用于驱动电动机和辅助发动机。利用发动机和电动机这个双重传动系统，发动机产生的动力以最小消耗被传向驱动轮（图 2-3-7）。

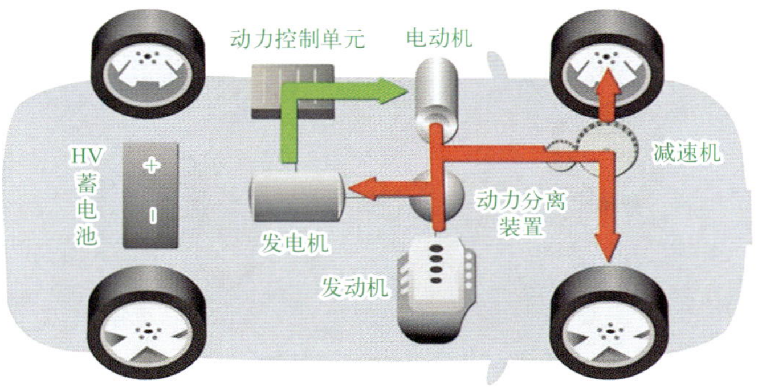

图 2-3-7　一般行驶模式能量流动路线

（4）一般行驶/剩余能量充电模式

剩余能量用于动力电池充电。

因为普锐斯混合动力系统在高速运转时采用发动机来驱动，而发动机有时会产生多余的能量。这时多余的能量由发电机转换为电力，储存在动力电池中（图 2-3-8）。

（5）全速行驶模式

全速行驶时，同时使用发动机和电动机驱动。

在需要强劲加速力（如爬陡坡及超车）时，动力电池也提供电力，来加大电动机的驱动力。通过发动机和电动机双动力的结合使用，普锐斯混合动力系统得以实现与高一级发动机同等水平的强劲而流畅的加速性能。其能量流动路线与一般行驶/剩余能量充电模式相同，见图2-3-8。

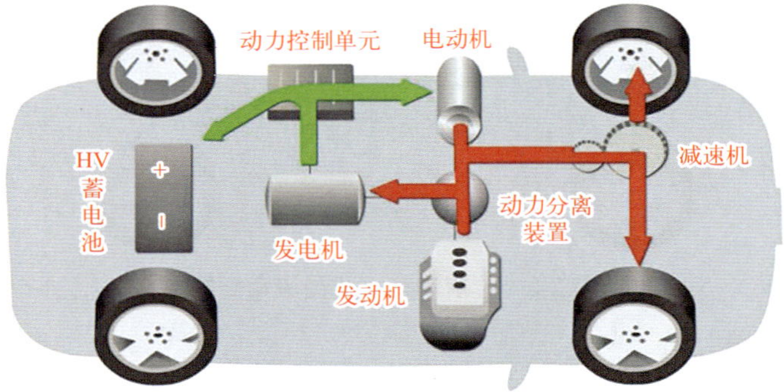

图 2-3-8　一般行驶 / 剩余能量充电模式能量流动路线

（6）减速/能量再生模式

将减速时的能量回收到动力电池中用于再利用。

在踩制动踏板和松开油门踏板时，普锐斯混合动力系统使车轮的旋转力带动电动机运转，将其作为发电机使用。减速时通常作为摩擦热散失掉的能量，在此被转换成电能，回收到动力电池中进行再利用（图2-3-9）。

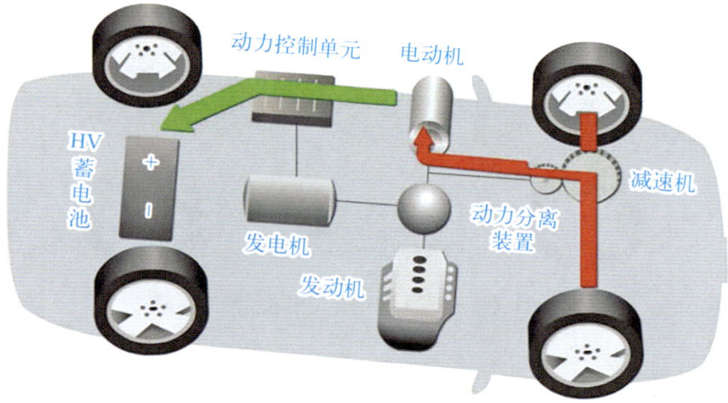

图 2-3-9　减速 / 能量再生模式能量流动路线

（7）停车模式

当汽车处于静止状态时，会关闭整个动力系统。即发动机、电动机和发电机会自动关闭，可避免因怠速造成的能量浪费（图2-3-10）。

（8）纯电动（EV）模式

在驾驶室仪表面板上，有“EV模式”按钮，按下此按钮，发动机将被关闭，可以完全使用电动机来驱动车辆。

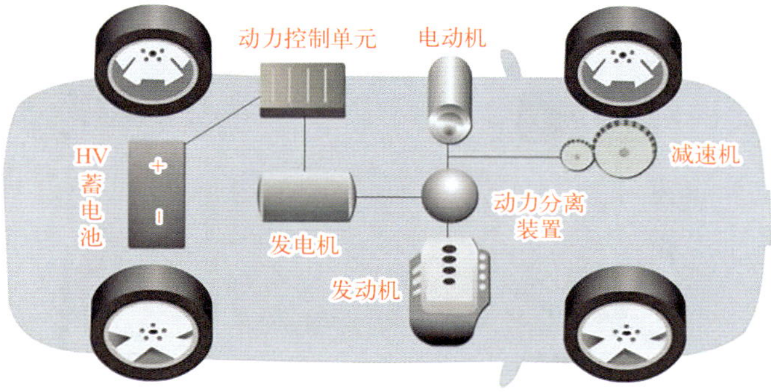

图 2-3-10　停车模式能量流动路线

2.3.2.3　插电式混合动力汽车（PHEV）

以比亚迪唐为例。比亚迪唐装有一台 151kW/320N・m的2.0T直喷增压发动机，前桥的上方安装一台110kW的大功率电机，驱动桥上安装了一台110kW 的大功率电机。

（1）动力模式：四驱+运动+HEV

在HEV混动模式下选择“运动”驾驶模式之后，三擎共同释放最大功率，实现最大的动力输出（图2-3-11）。

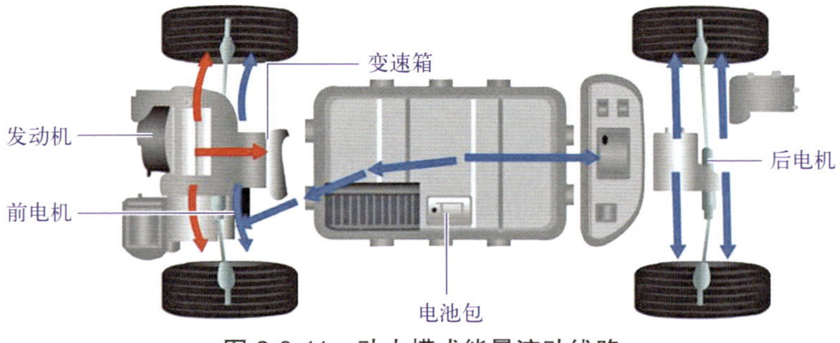

图 2-3-11　动力模式能量流动线路

（2）经济模式：四驱+经济+EV

在EV纯电模式下选择“经济”驾驶模式之后，前后方电机协同工作，在必要时采用降低输出功率达到最经济模式，增加纯电驱动的行驶里程（图2-3-12）。

（3）行车发电模式

在行驶过程中用户可以调整 SOC（剩余电量）预设值，一旦剩余电量即将小于预设值，系统自动切换成“行车发电模式”。前电机切换至发电模式，后电机搭配内燃发动机形成前油后电的驱动形式。城市环境下行驶，每1.5km能补充1% ~ 2%的电能，跑长途时电池电量最高能回充至70%，为下一段城市纯电行驶带来强而有力的电能保障（图2-3-13）。

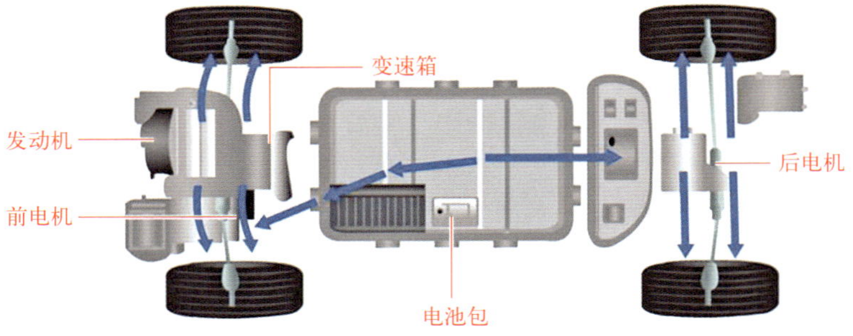

图 2-3-12 经济模式能量流动线路

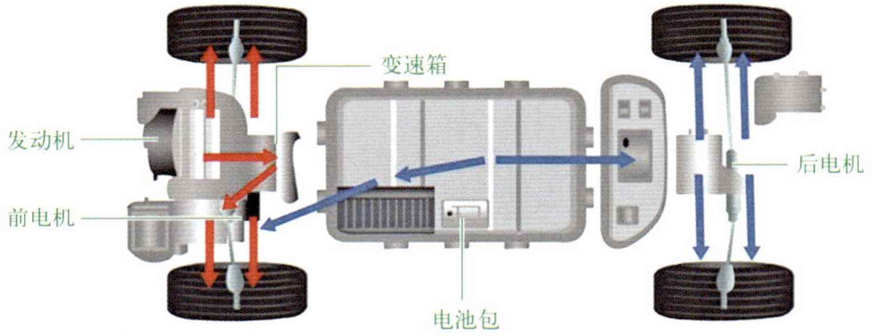

图 2-3-13 行车发电模式能量流动线路

（4）怠速发电模式

在SOC低于15%以内行驶，在等红绿灯时系统自动切换至内燃发动机带动前电机为电池充电，大约5min能补充1% ~ 2%的电能。在必要时候可以采取强制原地发电，在P挡模式下把油门踏板踩到底即可激活。这种模式主要用于应急使用，可以通过这样的形式为电池充电，保证VTOL 220V电源输出（图2-3-14）。

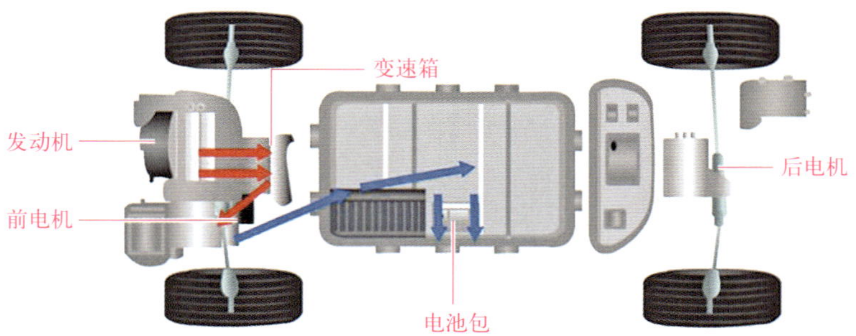

图 2-3-14 怠速发电模式能量流动线路

第3章

新能源汽车保险及投保

本章配套视频名称	二维码页码
交强险的定义	P036
最新交强险理赔金额	
商业险的赔付流程	P042
三者险的定义	P046
车险续保流程	P064
车险投保流程	P065

3.1 保险费率

3.1.1 保险费率的确定原则

车主在投保时，一般情况下会将保费作为首要的参考条件。保费由保险金额、保险费率、保险期限构成，保费金额与保险金额的多少、保险费率的高低和保险期限的长短成正比（图3-1-1）。

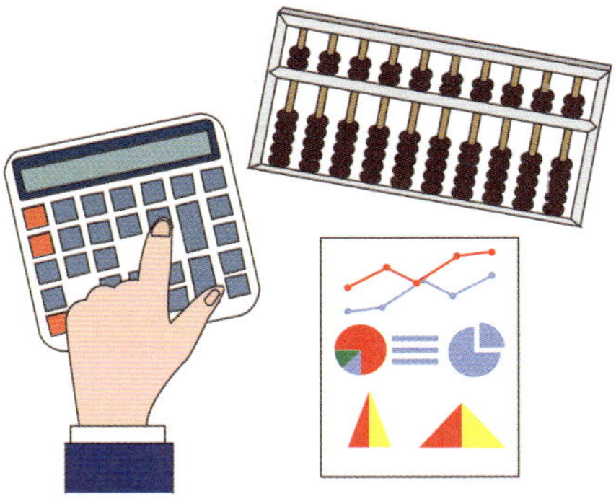

图 3-1-1 车辆保费

总保费=车船税+交强险保费+车损险保费+第三者责任险保费+附加险等。

机动车交通事故责任强制保险（以下简称交强险）保费金额的多少需根据具体的情形确定，一般情况下6座以下的车型第1年保费为950元；6座以上的车型第1年保费为1100元（表3-1-1）。计算公式是：最终保费=基础保费 ×（1+与道路交通事故相联系的浮动比率）×（1+与交通安全违法行为相联系的浮动比率）。

表 3-1-1 交强险方案

非营运车辆交强险基础保费					
车型		第一年费用 / 元			
6 座以下		950			
6 座以上（含 6 座）		1100			
浮动因素 / 方案类型	方案 A	方案 B	方案 C	方案 D	方案 E
上一个年度未发生有责任道路交通事故	770 元	825 元	880 元	935 元	990 元
上两个年度未发生有责任道路交通事故	660 元	715 元	770 元	825 元	880 元

续表

非营运车辆交强险基础保费					
浮动因素 / 方案类型	方案 A	方案 B	方案 C	方案 D	方案 E
上三个及以上年度未发生有责任道路交通事故	550 元	605 元	660 元	715 元	770 元
上一个年度发生一次有责任不涉及死亡的道路交通事故	1100 元	1100 元	1100 元	1100 元	1100 元
上一个年度发生两次及两次以上有责任不涉及死亡的道路交通事故	1210 元	1210 元	1210 元	1210 元	1210 元
上一个年度发生有责任道路交通死亡事故	1430 元	1430 元	1430 元	1430 元	1430 元

车损险保费的计算公式是：车损险保费 =（基础保费 + 车辆购置价 × 费率）× 优惠系数，这里基础保费和费率是由中国银行保险监督管理委员会（以下简称银保监会）定的，而车辆购置价格是按购买保险的时候的近期价格来计算的，优惠系数则是由保险公司自己规定（表 3-1-2）。

表 3-1-2　车损险方案

车辆损失险费率								
类型	1 年以下		1 ～ 2 年		2 ～ 6 年		6 年以上	
	基础保费	费率	基础保费	费率	基础保费	费率	基础保费	费率
6 座以下	630 元	1.50%	272 元	0.90%	269 元	0.89%	277 元	0.92%
6 ～ 10 座	342 元	0.90%	326 元	0.86%	323 元	0.85%	333 元	0.87%
10 ～ 20 座	342 元	0.95%	326 元	0.90%	323 元	0.89%	333 元	0.92%
20 座以上	357 元	0.95%	340 元	0.90%	336 元	0.89%	346 元	0.92%

续表

车辆种类	月折旧系数			
	家庭自用	非营业	营业	
			出租	其他
9 座以下客车	0.60%	0.60%	1.10%	0.90%
10 座以上客车	0.90%	0.90%	1.10%	0.90%
微型载货汽车	—	0.90%	1.10%	1.10%
带拖挂的载货汽车	—	0.90%	1.10%	1.10%
低速货车和三轮汽车	—	1.10%	1.40%	1.40%
其他车辆	—	0.90%	1.10%	0.90%

当被保险人应负第三者伤亡赔偿金额超过赔偿限额时，保险公司赔偿额=赔偿限额 ×（1−免赔率）；当被保险人应负第三者伤亡赔偿金额低于赔偿限额时，保险公司应当赔付第三者责任险的数额为：保险公司赔偿额=应负赔偿金额 ×（1−免赔率），见表3-1-3。

表 3-1-3　第三者责任险方案

人保、太平洋、平安保险第三者责任险费率表（单位：元）						
分类	平安车险		人保车险		太平洋车险	
	第三者险	不计免赔	第三者险	不计免赔	第三者险	不计免赔
5 万	464.4	69.66	464.4	69.66	464.4	69.66
10 万	671.4	100.71	671.4	100.71	671.4	100.71
15 万	765.0	114.75	765.0	114.75	765.0	114.75
20 万	831.6	124.74	831.6	124.74	831.6	124.74
30 万	938.7	140.81	938.7	140.81		
50 万	1126.8	169.02	1126.8	169.02	1126.8	169.02

续表

人保、太平洋、平安保险第三者责任险费率表（单位：元）						
分类	平安车险		人保车险		太平洋车险	
	第三者险	不计免赔	第三者险	不计免赔	第三者险	不计免赔
100 万	1467.0	220.05	1467.0	220.05	1467.0	220.05
150 万	1802.1	270.32	1802.1	270.32		
200 万	2133.79	320.07	2133.79	320.07	2079.36	311.9
250 万			2385.54	357.83		
300 万			2691.72	403.76		
350 万			2997.90	449.69		

附加险以车上人员责任险为例，也是按照投保人的类别、座位数（图3-1-2）、投保方式来查找费用率，具体的计算方式如下：保险费=单座责任限额×投保座位数×费用率。

图 3-1-2　按座位数投保

3.1.2　新能源汽车保险风险因素

新能源汽车保险风险因素主要包括技术特性、维修成本、数据壁垒及市场环境四方面。

❶技术特性风险。新能源汽车的核心部件“三电系统”（电池、电机、电控）占整车成本的40%～60%（图3-1-3），其故障会导致高额的维修费用。例如电池更换成本可达整车价值的30%～50%，部分车型更换费用甚至超过车价。智能驾驶辅助系统损坏需整体更换传感器等部件，维修成本显著增加。

❷维修成本风险。授权维修模式导致零部件供应受限，工时费远高于燃油车。例如特斯拉更换车门把手工时费达2400元，而燃油车同类维修仅需600元。同时，新能源汽车零整比（零部件总价与整车价之比）普遍高于燃油车，例如特斯拉Model3的零整比超700%，维修经济性失衡加剧赔付压力（图3-1-4）。

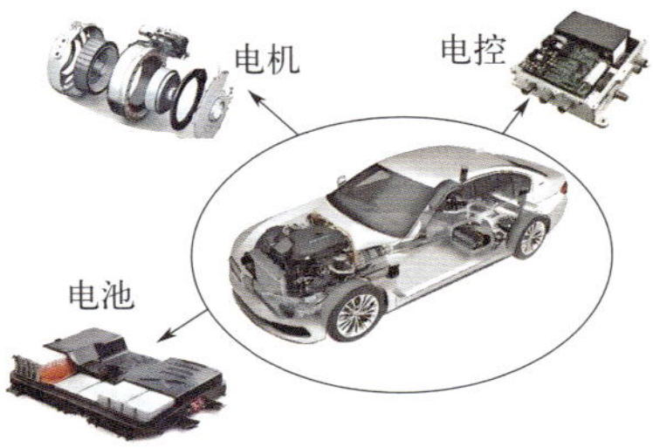

图 3-1-3　新能源汽车“三电”系统

图 3-1-4　车辆维修

❸ 数据壁垒风险。车企掌握电池健康状态（图3-1-5）、驾驶行为等核心数据，但数据共享不足导致保险公司难以建立精准定价模型。数据显示，新能源汽车车险平均赔付率达85%，综合成本超120%，部分车型赔付率高达152%，数据缺失加剧定价困境。

❹ 市场环境风险。新能源汽车迭代速度加快（部分车型半年更新两代），配件通用性差导致维修成本攀升。高压快充、智能部件集成于保险杠等区域（图3-1-6），小剐蹭常引发高额维修费用。此外，营运车辆占比高（比燃油车高10个百分点），加剧事故风险。

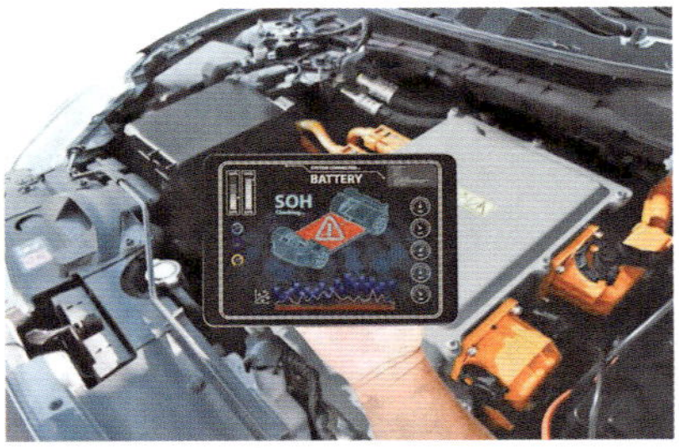

图 3-1-5　新能源汽车电池健康状态

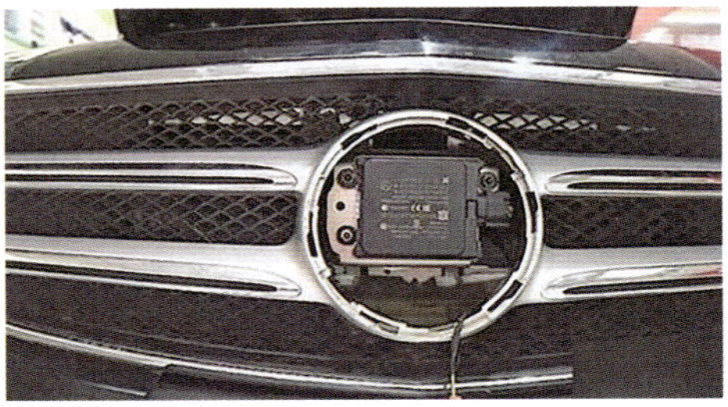

图 3-1-6　毫米波雷达安装在前杠内

3.1.3　选择保险公司原则

车险保险公司选择原则一：多

车险主要分为强制险和商业险，交强险是我国强制购买的险种，商业险则由车主自行决定是否购买。主要的商业险种有车辆损失险、第三者责任险、车上人员责任险、全车盗抢险等；此外，还有一些针对性比较强的附加险种，如车身划痕险、玻璃单独破碎险、自燃损失险等（图3-1-7）。相比小型保险公司，大型保险公司能够提供更齐全的险种供客户选择，因此，买车险的第一步，就是选择大型保险公司。

车险保险公司选择原则二：快

一般而言，网络车险投保操作流程快，平安网上车险24小时都能在线投保，而且网上操作步骤简单，仅需10分钟，就能完成从车险报价到网上支付保费全过程，非常简便快捷。快不但指的是投保过程快，还指理赔过程快。在理赔速度上，平安车险推出的“万元以下，资料齐全，一天赔付”的服务承诺和“全国通赔，异地出险，就地理赔结案”“直赔一条龙”服务等，均是平安车险实现快速理赔的有力保证。

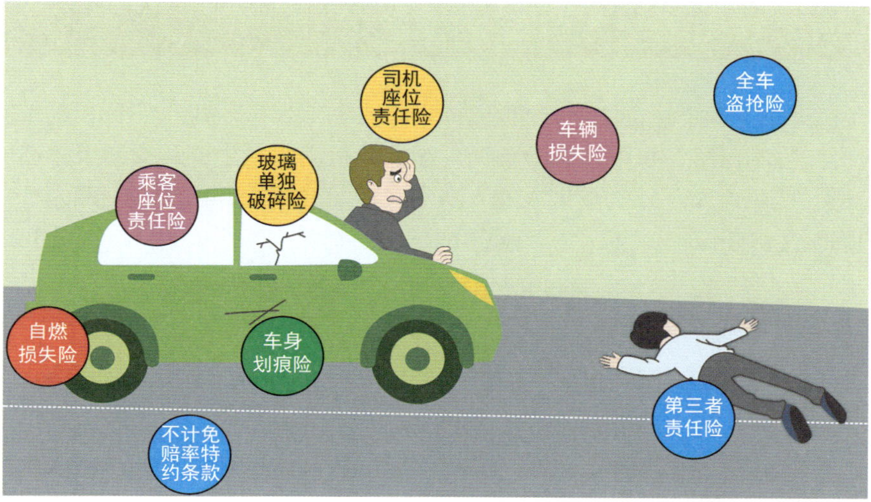

图 3-1-7　购买的险种

车险保险公司选择原则三：好

车主可以从以下几个方面考虑保险公司提供的服务好不好：投保过程是否顺畅，是否具有清晰直观的投保指引；是否能够做到全国通赔，在异地出险能否异地理赔；是否上门收取理赔资料；有没有增值服务等（图3-1-8）。好的保险公司能够设身处地为车主着想，尽量简化烦琐的手续。无论是投保前的引导，投保操作的过程，还是后续理赔，平安网上车险均能给客户非常周全的服务，是广大车主的放心之选。

图 3-1-8　保险公司提供的服务

车险保险公司选择原则四：省

除理赔外，报价透不透明、有无价格优惠都是车主十分关心的问题。通过保险公司官网直销投保，每一个险种的保障范围、保额和保费都一目了然，车主完全可以做到心中有数，报价十分透明；同时，网上投保方式因为省去中间环节，保险公司可将省下的中间代理人的费用让利返还给客户，客户可以超低的价格享受更好的车险服务，性价比高。

3.2 机动车交通事故责任强制保险

《机动车交通事故责任强制保险条例》(以下简称《条例》)所称机动车交通事故责任强制保险，是指由保险公司对被保险机动车发生道路交通事故造成本车人员、被保险人以外的受害人的人身伤亡、财产损失，在责任限额内予以赔偿的强制性责任保险。《机动车交通事故责任强制保险条例》的特点见表3-2-1。

表 3-2-1 《机动车交通事故责任强制保险条例》特点

特点一	强制性	机动车交通事故责任强制保险，是指由保险公司对被保险机动车发生道路交通事故造成本车人员、被保险人以外的受害人的人身伤亡、财产损失，在责任限额内予以赔偿的强制性责任保险，即强制第三者责任险，它是我国第一个通过立法予以强制实施的险种。它的“强制性”体现在，它不仅要求所有上路行驶的机动车车主或管理人必须投保，而且具有经营强制第三者责任险资格的保险公司一律不得拒保，不得随意解除强制第三者责任险合同(投保人未履行如实告知义务的除外)
特点二	以人为本	强制第三者责任险将保障受害人得到及时有效的赔偿作为首要目标。《条例》规定，被保险机动车发生道路交通事故造成本车人员和被保险人以外的受害人人身伤亡、财产损失的，由保险公司依法在机动车交通事故责任强制保险责任限额范围内予以赔偿。《条例》还规定，三种情况下保险公司将进行提前垫付，随后向致害人追偿：驾驶人未取得驾驶资格或者醉酒的；被保险机动车被盗抢期间肇事的；被保险人故意制造道路交通事故的
特点三	奖优罚劣	通过经济手段提高驾驶员守法合规意识，促进道路交通安全。《条例》规定，安全驾驶者可以享有优惠的费率，经常肇事者将负担高额保费。强制第三者责任险在实行统一费率的同时，采取费率与车主的驾驶记录直接挂钩的方式体现“奖优罚劣”。《条例》规定，被保险机动车没有发生道路交通安全违法行为和道路交通事故的，保险公司应当在下一年度降低其保险费率。以后年份以此类推，直至降至最低标准。相反，被保险机动车发生道路交通安全违法行为或者道路交通事故的，保险公司在下一年度提高其保险费率。在道路交通事故中被保险人没有过错的，不提高其保险费率。降低或者提高保险费率的标准，由银保监会会同国务院公安部门制定

续表

特点四	社会效益优先	银保监会按照总体上不营利、不亏损的原则审批保险费率，保险公司经营机动车交通事故责任强制保险不以营利为目的，且机动车交通事故责任强制保险业务必须与其他业务分开管理、实行单独核算。银保监会将定期予以核查，以维护广大消费者的利益。银保监会根据保险公司机动车交通事故责任强制保险业务的总体营利或者亏损情况，可以要求或者允许保险公司相应调整保险费率，但调整保险费率幅度较大的，也应当进行听证
特点五	商业化运作	机动车交通事故责任强制保险条款费率由保险公司制定，银保监会按照机动车交通事故责任强制保险业务总体上不营利、不亏损原则进行审批，保险公司自主经营、自负盈亏

3.2.1 强制保险责任及赔付范围

机动车交通事故责任强制保险是指由保险公司对被保险机动车发生道路交通事故造成本车人员、被保险人以外的受害人的人身伤亡、财产损失，在责任限额内予以赔偿的强制性责任保险。除国家法律、行政法规另有规定外，交强险合同的保险期间为一年，以保险单载明的起止时间为准。

保险主责是指在中华人民共和国境内（不含港澳台地区），被保险人在使用被保险机动车过程中发生交通事故（图3-2-1），致使受害人遭受人身伤亡或者财产损失，依法应当由被保险人承担的损害赔偿责任，保险人按照交强险合同的约定对每次事故在下列赔偿限额内负责赔偿：

图 3-2-1 交通事故

❶ 死亡伤残赔偿限额为180000元；

❷ 医疗费用赔偿限额为18000元；

❸ 财产损失赔偿限额为2000元；

❹ 被保险人无责任时，无责任死亡伤残赔偿限额为18000元，无责任医疗费用赔偿限额为1800元，无责任财产损失赔偿限额为100元。

死亡伤残赔偿限额和无责任死亡伤残赔偿限额项下负责赔偿丧葬费、死亡补偿费、受害人亲属办理丧葬事宜支出的交通费用、残疾赔偿金、残疾辅助器具费、护理费、康复费、交通费、被扶养人生活费、住宿费、误工费，以及被保险人依照法院判决或者调解承担的精神损害抚慰金。

医疗费用赔偿限额和无责任医疗费用赔偿限额项下负责赔偿医药费、诊疗费、住院费、住院伙食补助费，以及必要的、合理的后续治疗费、整容费、营养费。

3.2.2 强制保险的费率规定

保险公司的机动车交通事故责任强制保险业务，应当与其他保险业务分开管理，单独核算。

国务院保险监督管理机构应当每年对保险公司的机动车交通事故责任强制保险业务情况进行核查，并向社会公布；根据保险公司机动车交通事故责任强制保险业务的总体盈利或者亏损情况，可以要求或者允许保险公司相应调整保险费率。

调整保险费率的幅度较大的，国务院保险监督管理机构应当进行听证。

被保险机动车没有发生道路交通安全违法行为和道路交通事故的，保险公司应当在下一年度降低其保险费率。在此后的年度内，被保险机动车仍然没有发生道路交通安全违法行为和道路交通事故的，保险公司应当继续降低其保险费率，直至最低标准（图3-2-2）。被保险机动车发生道路交通安全违法行为或者道路交通事故的，保险公司应当在下一年度提高其保险费率。多次发生道路交通安全违法行为、道路交通事故，或者发生重大道路交通事故的，保险公司应当加大提高其保险费率的幅度。在道路交通事故中被保险人没有过错的，不提高其保险费率。降低或者提高保险费率的标准，由国务院保险监督管理机构会同国务院公安部门制定。

图 3-2-2 连续 3 年未出事故

3.2.3 强制保险投保

投保人在投保时应当选择从事机动车交通事故责任强制保险业务的保险公司，被选择的保险公司不得拒绝或者拖延承保。

投保人投保时，应当向保险公司如实告知重要事项，包括机动车的种类、厂牌型号、识别代码、牌照号码、使用性质和机动车所有人或者管理人的姓名（名称）、性别、年龄、住所、身份证或者驾驶证号码（组织机构代码）、续保前该机动车发生事故的情况以及国务院保险监督管理机构规定的其他事项（图3-2-3）。

仅垫付抢救费用的情形：驾驶人未取得驾驶资格的，驾驶人醉酒的，被保险机动车被盗抢期间肇事的，被保险人故意制造交通事故的。

被保险机动车在以上情形下发生交通事故，造成受害人受伤需要抢救的，保险人在接到公安机关交通管理部门的书面通知和医疗机构出具的抢救费用清单后（图3-2-4），按照国务院卫生主管部门组织制定的交通事故人员创伤临床诊疗指南和国家基本医疗保险标准进行核实。

图 3-2-3　核对车主信息

图 3-2-4　抢救费用清单

签订机动车交通事故责任强制保险合同时，投保人应当一次支付全部保险费（图3-2-5和图3-2-6）；保险公司应当向投保人签发保险单、保险标志。保险单、保险标志应当注明保险单号码、车牌号码、保险期限、保险公司的名称、地址和理赔电话号码。

被保险人应当在被保险机动车上放置保险标志。

保险标志式样全国统一，保险单、保险标志由国务院保险监督管理机构监制。任何单位或者个人不得伪造、变造或者使用伪造、变造的保险单、保险标志。

图 3-2-5　签订机动车交通事故责任强制保险合同

图 3-2-6　交强险缴费

签订机动车交通事故责任强制保险合同时，投保人不得在保险条款和保险费率之外，向保险公司提出附加其他条件的要求。

签订机动车交通事故责任强制保险合同时，保险公司不得强制投保人订立商业保险合同以及提出附加其他条件的要求。

机动车交通事故责任强制保险的保险期间为1年，但有下列情形之一的，投保人可以投保短期机动车交通事故责任强制保险：

❶ 境外机动车临时入境的；

❷ 机动车临时上道路行驶的；

❸ 机动车距规定的报废期限不足1年的；

❹ 国务院保险监督管理机构规定的其他情形。

扫一扫
视频精讲

3.2.4 强制保险合同变更与终止

（1）保险公司

保险公司不得解除机动车交通事故责任强制保险合同，但是，投保人对重要事项未履行如实告知义务的除外。

投保人对重要事项未履行如实告知义务，保险公司解除合同前，应当书面通知投保人，投保人应当自收到通知之日起5日内履行如实告知义务；投保人在上述期限内履行如实告知义务的，保险公司不得解除合同。

保险公司解除机动车交通事故责任强制保险合同的，应当收回保险单和保险标志，并书面通知机动车管理部门。

（2）投保人

投保人不得解除机动车交通事故责任强制保险合同，但有下列情形之一的除外：

❶ 被保险机动车被依法注销登记的（图3-2-7）；

❷ 被保险机动车办理停驶的（图3-2-8）；

图3-2-7 车辆已被注销

图3-2-8 车辆办理停驶

❸ 被保险机动车经公安机关证实丢失的（图3-2-9）。

机动车交通事故责任强制保险合同解除前，保险公司应当按照合同承担保险责任。

合同解除时，保险公司可以收取自保险责任开始之日起至合同解除之日止的保险费，剩余部分的保险费退还投保人（图3-2-10）。

被保险机动车所有权转移的（图3-2-11），应当办理机动车交通事故责任强制保险合同变更手续。

图 3-2-9　车辆丢失

图 3-2-10　剩余部分的保险费退还投保人

3.2.5　赔偿规则

被保险机动车发生道路交通事故造成本车人员、被保险人以外的受害人人身伤亡、财产损失的，由保险公司依法在机动车交通事故责任强制保险责任限额范围内予以赔偿。

道路交通事故的损失是由受害人故意造成的（图3-2-12），保险公司不予赔偿。

图 3-2-11　车辆所有权转移

图 3-2-12　伪造事故

机动车交通事故责任强制保险在全国范围内实行统一的责任限额。责任限额分为死亡伤残赔偿限额、医疗费用赔偿限额（图3-2-13）、财产损失赔偿限额以及被保险人在道路交通事故中无责任的赔偿限额。机动车交通事故责任强制保险责任限额由国务院保险监督管理机构会同国务院公安部门、国务院卫生主管部门、国务院农业主管部门规定。

当出现抢救费用超过机动车交通事故责任强制保险责任限额、肇事机动车未参加机动车交通事故责任强制保险以及机动车肇事后逃逸，可以申请道路交通事故社会救助基金（图3-2-14），先行垫付受害人人身伤亡的丧葬费用、部分或者全部抢救费用。

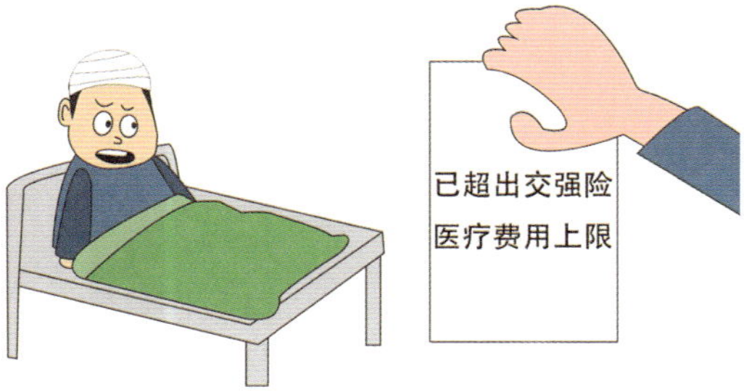

图 3-2-13 医疗费用赔偿限额

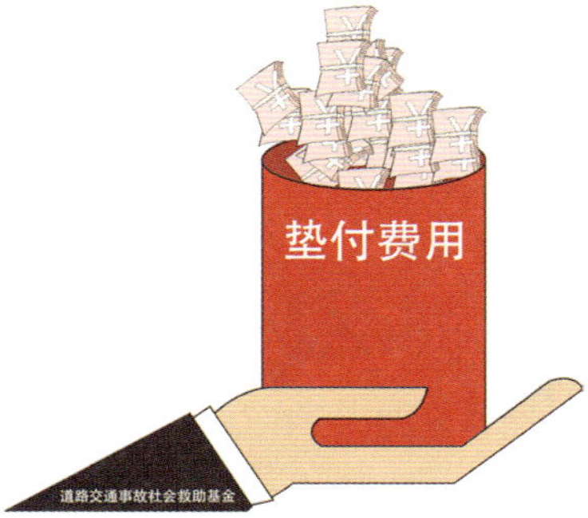

图 3-2-14 道路交通事故社会救助基金

3.2.6 法律责任

保险公司以外的单位或者个人，非法从事机动车交通事故责任强制保险业务的，由国务院保险监督管理机构予以取缔（图3-2-15）；构成犯罪的，依法追究刑事责任；尚不构成犯罪的，由国务院保险监督管理机构没收违法所得，违法所得20万元以上的，处违法所得1倍以上5倍以下罚款；没有违法所得或者违法所得不足20万元的，处20万元以上100万元以下罚款。

保险公司违反本条例规定，有下列行为之一的，由国务院保险监督管理机构责令改正，处5万元以上30万元以下罚款。情节严重的，可以限制业务范围、责令停止接受新业务或者吊销经营保险业务许可证：

❶ 拒绝或者拖延承保机动车交通事故责任强制保险的（图3-2-16）；

图 3-2-15 依法取缔

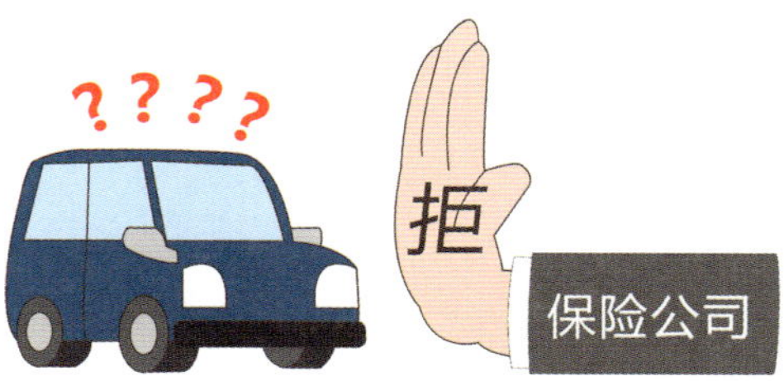

图 3-2-16 拒绝车辆投保强制保险

❷ 未按照统一的保险条款和基础保险费率从事机动车交通事故责任强制保险业务的；

❸ 未将机动车交通事故责任强制保险业务和其他保险业务分开管理，单独核算的；

❹ 强制投保人订立商业保险合同的（图3-2-17）；

❺ 违反规定解除机动车交通事故责任强制保险合同的；

❻ 拒不履行约定的赔偿保险金义务的；

❼ 未按照规定及时支付或者垫付抢救费用的。

机动车所有人、管理人未按照规定投保机动车交通事故责任强制保险或保险过期的（图3-2-18），由公安机关交通管理部门扣留机动车，通知机动车所有人、管理人依照规定投保，处依照规定投保最低责任限额应缴纳的保险费的2倍罚款。

机动车所有人、管理人依照规定补办机动车交通事故责任强制保险的，应当及时退还机动车。

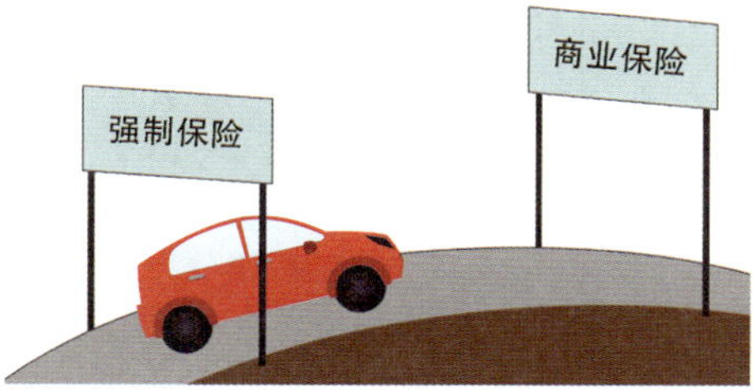

图 3-2-17　强制投保人订立商业保险合同

图 3-2-18　强制保险过期

伪造、变造或者使用伪造、变造的保险标志（图3-2-19），或者使用其他机动车的保险标志，由公安机关交通管理部门予以收缴，扣留该机动车，处200元以上2000元以下罚款；构成犯罪的，依法追究刑事责任。

当事人提供相应的合法证明或者补办相应手续的，应当及时退还机动车。

图 3-2-19　变造的保险标志

3.3 新能源汽车商业保险

3.3.1 新能源汽车商业保险种类

3.3.1.1 新能源汽车损失保险

（1）保险责任

保险期间内，被保险人或被保险新能源汽车驾驶人（以下简称“驾驶人”）在使用被保险新能源汽车过程中，因自然灾害、意外事故（含起火燃烧）造成被保险新能源汽车下列设备的直接损失，且不属于免除保险人责任的范围，保险人依照本保险合同的约定负责赔偿。

❶ 车身（图3-3-1）。

❷ 动力电池（图3-3-2）及储能系统、电机及驱动系统、其他控制系统；

图 3-3-1　车身损坏

图 3-3-2　动力电池因事故损坏

❸ 其他所有出厂时的设备。

使用包括行驶、停放、充电（图3-3-3）及作业。

保险期间内，被保险新能源汽车被盗窃（图3-3-4）、抢劫、抢夺，经出险地县级以上公安刑侦部门立案证明，满60天未查明下落的全车损失，以及因被盗窃、抢劫、抢夺受到损坏造成的直接损失，且不属于免除保险人责任的范围，保险人依照本保险合同的约定负责赔偿。

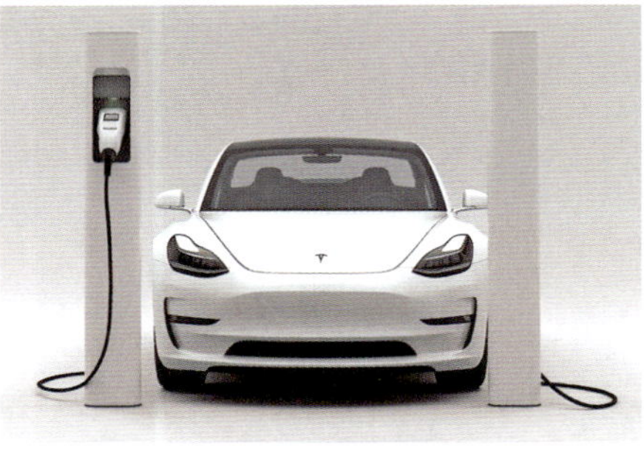

图 3-3-3　新能源汽车充电

图 3-3-4　车辆被盗窃

发生保险事故时，被保险人或驾驶人为防止或者减少被保险新能源汽车的损失所支付的必要的、合理的施救费用，由保险人承担；施救费用数额在被保险新能源汽车损失赔偿金额以外另行计算，最高不超过保险金额（图3-3-5）。

（2）责任免除的情形

出现下列情况的，无论何种原因造成被保险新能源汽车的任何损失和费用，保险人均不负责赔偿。

❶ 事故发生后，被保险人或驾驶人故意破坏、伪造现场（图3-3-6），毁灭证据。

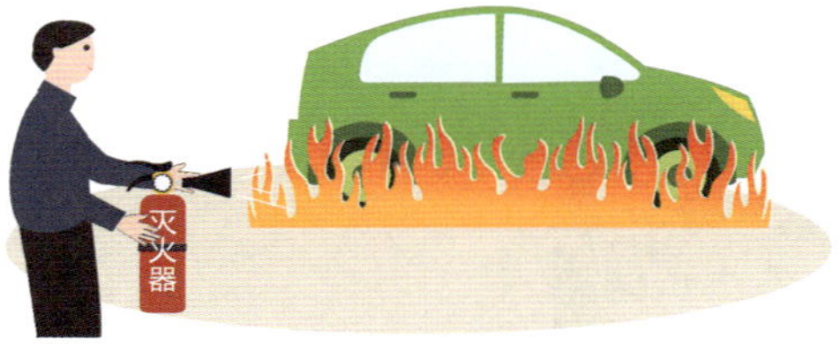

图 3-3-5　对车辆进行施救

图 3-3-6　伪造现场

❷ 驾驶人有下列情形之一者：

a. 交通肇事逃逸（图3-3-7）；

b. 饮酒、吸食或注射毒品（图3-3-8）、服用国家管制的精神药品或者麻醉药品；

图 3-3-7　交通肇事逃逸

图 3-3-8　毒驾

c. 无驾驶证（图3-3-9），驾驶证被依法扣留、暂扣、吊销、注销期间；

d. 驾驶与驾驶证载明的准驾车型不相符合的新能源汽车（图3-3-10）。

图 3-3-9　无驾驶证

图 3-3-10　驾驶证不相符合

❸ 被保险新能源汽车有下列情形之一者：

a. 发生保险事故时被保险的新能源汽车行驶证、号牌被注销（图3-3-11）；

扫一扫
视频精讲

图 3-3-11　号牌被注销

b. 被扣留、收缴、没收期间（图3-3-12）；

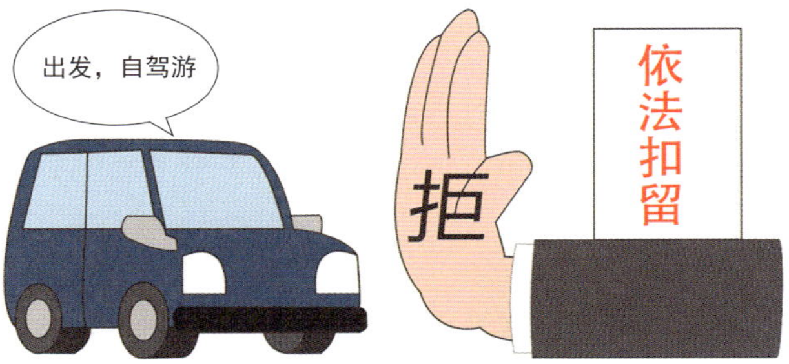

图 3-3-12　车辆被扣留

c. 竞赛、测试期间，在营业性场所维修（图3-3-13）、保养、改装期间；

图 3-3-13　车辆在维修

d. 被保险人或驾驶人故意或重大过失（图3-3-14），导致被保险新能源汽车被利用从事犯罪行为。

图 3-3-14　驾驶人重大过失

下列原因导致的被保险新能源汽车的损失和费用，保险人不负责赔偿：

a. 战争、军事冲突、恐怖活动、暴乱、污染（含放射性污染）（图3-3-15）、核反应、核辐射；

b. 违反安全装载规定（图3-3-16）；

图 3-3-15　放射性污染

图 3-3-16　车辆超载

c. 被保险新能源汽车被转让（图3-3-17）、改装、加装或改变使用性质等，导致被保险新能源汽车危险程度显著增加，且未及时通知保险人，因危险程度显著增加而发生保险事故的；

d. 投保人、被保险人或驾驶人故意制造保险事故（图3-3-18）。

下列损失和费用，保险人不负责赔偿：

a. 因市场价格变动造成的贬值、修理后由价值降低引起的减值损失（图3-3-19）；

图 3-3-17　车辆转让

图 3-3-18　故意制造保险事故

图 3-3-19　车辆贬值

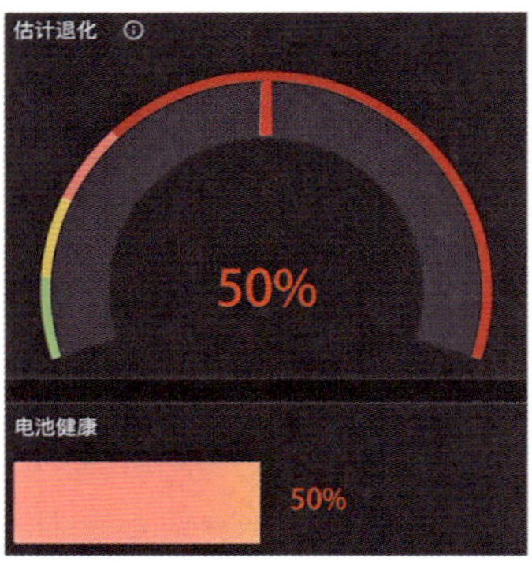

图 3-3-20　新能源汽车高压电池能量衰减

b. 自然磨损、电池能量衰减（图3-3-20）、锈蚀、腐蚀、故障、本身质量缺陷；

c. 投保人、被保险人或驾驶人知道保险事故发生后，故意或者因重大过失未及时通知，致使保险事故的性质、原因、损失程度等难以确定的，保险人对

无法确定的部分，不承担赔偿责任，但保险人通过其他途径已经知道或者应当及时知道保险事故发生的除外（图3-3-21）;

图 3-3-21　事故过后再报案

d. 车轮单独损失，无明显碰撞痕迹的车身划痕，以及新增加设备的损失；

e. 非全车盗抢，仅车上零部件或附属设备被盗窃；

f. 充电期间因外部电网故障导致被保险新能源汽车的损失。

（3）免赔额协商

对于投保人与保险人在投保时协商确定绝对免赔额的，保险人在依据本保险合同约定计算赔款的基础上，增加每次事故绝对免赔额。

（4）保险金额

保险金额按投保时被保险新能源汽车的实际价值确定。投保时被保险新能源汽车的实际价值由投保人与保险人根据投保时的新车购置价减去折旧金额后的价格协商确定或其他市场公允价值协商确定。折旧金额可根据本保险合同列明的参考折旧系数表确定。

3.3.1.2　新能源汽车第三者责任险

（1）保险责任

保险期间内，被保险人或其允许的驾驶人在使用被保险新能源汽车过程中发生意外事故（含起火燃烧），致使第三者遭受人身伤亡或财产直接损毁，依法应当对第三者承担的损害赔偿责任，且不属于免除保险人责任的范围，保险人依照本保险合同的约定，对于超过机动车交通事故责任强制保险各分项赔偿限额的部分负责赔偿（图3-3-22）。

图 3-3-22　新能源汽车第三者责任险

使用包括行驶、停放、充电及作业。

保险人依据被保险新能源汽车一方在

事故中所负的事故责任比例，承担相应的赔偿责任。

被保险人或被保险新能源汽车一方根据有关法律法规选择自行协商或由公安机关交通管理部门处理事故，但未确定事故责任比例的，按照下列规定确定事故责任比例：

❶ 被保险新能源汽车一方负主要事故责任的，事故责任比例为70%；

❷ 被保险新能源汽车一方负同等事故责任的，事故责任比例为50%；

❸ 被保险新能源汽车一方负次要事故责任的，事故责任比例为30%。

涉及司法或仲裁程序的，以法院或仲裁机构最终生效的法律文书为准。

（2）责任免除

出现下列情况，无论何种原因造成的人身伤亡、财产损失和费用，保险人均不负责赔偿。

❶ 事故发生后，被保险人或驾驶人故意破坏、伪造现场，毁灭证据。

❷ 驾驶人有下列情形之一者：

a. 交通肇事逃逸；

b. 饮酒、吸食或注射毒品、服用国家管制的精神药品或者麻醉药品；

c. 无驾驶证，驾驶证被依法扣留、暂扣、吊销、注销期间；

d. 驾驶与驾驶证载明的准驾车型不相符合的新能源汽车；

e. 非被保险人允许的驾驶人（图3-3-23）。

扫一扫
视频精讲

图 3-3-23　非被保险人允许的驾驶人

❸ 被保险新能源汽车有下列情形之一者：

a. 发生保险事故时被保险新能源汽车行驶证、号牌被注销的；

b. 被扣留、收缴、没收期间；

c. 竞赛、测试期间，在营业性场所维修、保养、改装期间；

d. 全车被盗窃（图3-3-24）、抢劫、抢夺、下落不明期间。

下列原因导致的人身伤亡、财产损失和费用，保险人不负责赔偿：

a. 战争、军事冲突、恐怖活动、暴乱、污染（含放射性污染）、核反应、核辐射；

b. 第三者、被保险人或驾驶人故意制造保险事故、犯罪行为，第三者与被保险人或其他致害人恶意串通的行为（图3-3-25）；

图 3-3-24　全车被盗窃

图 3-3-25　故意制造保险事故

c. 被保险新能源汽车被转让、改装、加装或改变使用性质等（图3-3-26），导致被保险新能源汽车危险程度显著增加，且未及时通知保险人，因危险程度显著增加而发生保险事故的。

下列原因导致的人身伤亡、财产损失和费用，保险人不负责赔偿：

a. 被保险新能源汽车发生意外事故，致使任何单位或个人停业、停驶、停电、停水、停气、停产、通信或网络中断、电压变化、数据丢失造成的损失以及其他各种间接损失；

b. 第三者财产因市场价格变动造成的贬值，修理后因价值降低引起的减值损失（图3-3-27）；

c. 被保险人及其家庭成员、驾驶人及其家庭成员所有、承租、使用、管理、运输或代管的财产的损失，以及本车上财产的损失（图3-3-28）；

图 3-3-26 新能源汽车改装大容量电池

图 3-3-27 车辆维修后贬值

图 3-3-28 汽车内财物被盗窃

d. 被保险人、驾驶人、本车车上人员的人身伤亡（图 3-3-29）；

图 3-3-29 驾驶人受伤

e. 停车费、保管费、扣车费、罚款、罚金或惩罚性赔款（图 3-3-30）；

f. 超出《道路交通事故受伤人员临床诊疗指南》和国家基本医疗保险同类医疗费用标准的费用部分；

g. 律师费，未经保险人事先书面同意的诉讼费、仲裁费；

h. 投保人、被保险人或驾驶人知道保险事故发生后，故意或者因重大过失未及时通知，致使保险事故的性质、原因、损失程度等难以确定的，保险人对无法确定的部分，不承担赔偿责任，但保险人通过其他途径已经知道或者应当及时知道保险事故发生的除外；

i. 精神损害抚慰金（图3-3-31）；

图 3-3-30　违章停车

图 3-3-31　精神损害抚慰

j. 应当由机动车交通事故责任强制保险赔偿的损失和费用。

保险事故发生时，被保险新能源汽车未投保机动车交通事故责任强制保险或机动车交通事故责任强制保险合同已经失效的（图3-3-32），对于机动车交通事故责任强制保险责任限额以内的损失和费用，保险人不负责赔偿。

图 3-3-32　强制保险已经失效

（3）责任限额

每次事故的责任限额，都由投保人和保险人在签订本保险合同时协商确定。

主车和挂车连接使用时视为一体，发生保险事故时，由主车保险人和挂车保险人按照保险单上载明的第三者责任险责任限额的比例，在各自的责任限额内承担赔偿责任。

3.3.1.3 新能源汽车车上人员责任险

（1）保险责任

保险期间内，被保险人或其允许的驾驶人在使用被保险新能源汽车过程中发生意外事故（含起火燃烧），致使车上人员遭受人身伤亡（图3-3-33），且不属于免除保险人责任的范围，依法应当对车上人员承担的损害赔偿责任，保险人依照本保险合同的约定负责赔偿。

使用包括行驶、停放、充电及作业。

图 3-3-33 驾驶人交通事故受伤

保险人依据被保险新能源汽车一方在事故中所负的事故责任比例，承担相应的赔偿责任。

被保险人或被保险新能源汽车一方根据有关法律法规选择自行协商或由公安机关交通管理部门处理事故，但未确定事故责任比例的，按照下列规定确定事故责任比例：

❶ 被保险新能源汽车一方负主要事故责任的，事故责任比例为70%；

❷ 被保险新能源汽车一方负同等事故责任的，事故责任比例为50%；

❸ 被保险新能源汽车一方负次要事故责任的，事故责任比例为30%。

涉及司法或仲裁程序的，以法院或仲裁机构最终生效的法律文书为准。

（2）责任免除的情形

出现下列情况，不论任何原因造成的人身伤亡，保险人均不负责赔偿：

❶ 事故发生后，被保险人或驾驶人故意破坏、伪造现场，毁灭证据；

❷ 驾驶人有下列情形之一者：

a. 交通肇事逃逸（图3-3-34）；

图 3-3-34　交通肇事逃逸

b. 饮酒、吸食或注射毒品、服用国家管制的精神药品或者麻醉药品；

c. 无驾驶证，驾驶证被依法扣留、暂扣、吊销、注销期间；

d. 驾驶与驾驶证载明的准驾车型不相符合的新能源汽车；

e. 非被保险人允许的驾驶人。

❸ 被保险新能源汽车有下列情形之一者：

a. 发生保险事故时被保险新能源汽车行驶证、号牌被注销的；

b. 被扣留（图3-3-35）、收缴、没收期间；

图 3-3-35　车辆被扣留

c. 竞赛、测试期间，在营业性场所维修、保养、改装期间；

d. 全车被盗窃、抢劫、抢夺、下落不明期间。

下列原因导致的人身伤亡，保险人不负责赔偿：

a. 战争、军事冲突、恐怖活动、暴乱、污染（含放射性污染）（图3-3-36）、核反应、核辐射；

b. 被保险新能源汽车被转让、改装、加装或改变使用性质等，导致被保险新能源汽车危险程度显著增加，且未及时通知保险人，因危险程度显著增加而发生保险事故的；

c. 投保人、被保险人或驾驶人故意制造保险事故。

下列人身伤亡、损失和费用，保险人不负责赔偿：

a. 被保险人及驾驶人以外的其他车上人员的故意行为造成的自身伤亡；

b. 车上人员因疾病（图3-3-37）、分娩、自残、斗殴、自杀、犯罪行为造成的自身伤亡；

图 3-3-36　污染

图 3-3-37　车上人员犯病

c. 罚款、罚金或惩罚性赔款；

d. 超出《道路交通事故受伤人员临床诊疗指南》和国家基本医疗保险同类医疗费用标准的费用部分；

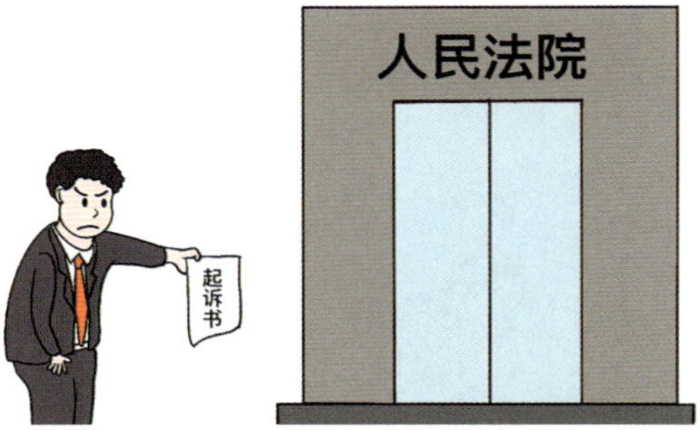

图 3-3-38　起诉行为

e. 律师费，未经保险人事先书面同意的诉讼费、仲裁费（图3-3-38）；

f. 投保人、被保险人或驾驶人知道保险事故发生后，故意或者因重大过失未及时通知，致使保险事故的性质、原因、损失程度等难以确定的，保险人对无法确定的部分，不承担赔偿责任，但保险人通过其他途径已经知道或者应当及时知道保险事故发生的除外；

g. 精神损害抚慰金；

h. 应当由机动车交通事故责任强制保险赔付的损失和费用。

（3）责任限额

驾驶人每次事故责任限额和乘客每次事故每人责任限额由投保人和保险人在投保时协商确定。投保乘客座位数按照被保险新能源汽车的核定载客数（驾驶人座位除外）确定。

3.3.1.4　新能源汽车附加险

附加险条款的法律效力优于主险条款。附加险条款未尽事宜，以主险条款为准。除附加险条款另有约定外，主险中的责任免除、双方义务同样适用于附加险。主险保险责任终止的，其相应的附加险保险责任同时终止。

（1）附加外部电网故障损失险（投保了新能源汽车损失保险的新能源汽车，可投保本附加险）

❶ 保险期间内，投保了本附加险的被保险新能源汽车在充电期间，因外部电网故障（图3-3-39），导致被保险新能源汽车的直接损失，且不属于免除保险人责任的范围，保险人依照本保险合同的约定负责赔偿。

❷ 发生保险事故时，被保险人为防止或者减少被保险新能源汽车的损失所支付的必要的、合理的施救费用，由保险人承担；施救费用数额在被保险新能源汽车损失赔偿金额以外另行计算，最高不超过主险保险金额。

（2）附加自用充电桩损失保险（投保了新能源汽车损失保险的新能源汽车，可投保本附加险）

❶ 保险责任：保险期间内，保险单载明地址的，被保险人的符合充电设备技术条件、安装标准的自用充电桩（图3-3-40），因自然灾害、意外事故、被盗窃或遭他人损坏导致的充电桩自身损失，保险人在保险单载明的本附加险的保险金额内，按照实际损失计算赔偿。

图 3-3-39 充电桩故障

图 3-3-40 自用充电桩

❷ 责任免除：投保人、被保险人或驾驶人故意制造保险事故，保险人不承担赔偿责任。

❸ 保险金额：保险金额为2000元、5000元、10000元或20000元，由投保人和保险人在投保时协商确定。

❹ 赔偿处理：发生保险事故后，保险人依据本条款约定在保险责任范围内承担赔偿责任，赔偿方式由保险人与被保险人协商确定。

赔款＝实际修复费用－被保险人已从第三方获得的赔偿金额

在保险期间内，累计赔款金额达到保险金额，本附加险保险责任终止。

（3）附加自用充电桩责任险（投保了新能源汽车第三者责任险的新能源汽

车，可投保本附加险）

❶保险责任：保险期间内，保险单载明地址的，被保险人的符合充电设备技术条件、安装标准的自用充电桩造成第三者人身伤亡或财产损失，依法应由被保险人承担的损害赔偿责任，保险人负责赔偿。

❷责任免除：因被保险人的故意行为导致，保险人不承担赔偿责任。

❸责任限额：责任限额由投保人和保险人在投保时协商确定。

（4）附加绝对免赔率特约条款

绝对免赔率为5%、10%、15%、20%，由投保人和保险人在投保时协商确定，具体以保险单载明为准。

被保险新能源汽车发生主险约定的保险事故，保险人按照主险的约定计算赔款后，扣减本特约条款约定的免赔，即

主险实际赔款＝按主险约定计算的赔款 ×(1 －绝对免赔率)

（5）附加车轮单独损失险（投保了新能源汽车损失保险的新能源汽车，可投保本附加险）

❶保险责任：保险期间内，被保险人或被保险新能源汽车驾驶人在使用被保险新能源汽车过程中，因自然灾害、意外事故，导致被保险新能源汽车未发生其他部位的损失，仅有车轮（含轮胎、轮毂、轮毂罩）单独的直接损失（图3-3-41），且不属于免除保险人责任的范围，保险人依照本附加险合同的约定负责赔偿。

❷责任免除：车轮（含轮胎、轮毂、轮毂罩）出现自然磨损、锈蚀、腐蚀、故障、本身质量缺陷，保险人不承担赔偿责任；未发生全车盗抢，仅车轮单独丢失（图3-3-42），保险人不承担赔偿责任。

图 3-3-41　车轮单独损失险

图 3-3-42　车轮单独丢失

❸保险金额：保险金额由投保人和保险人在投保时协商确定。

❹赔偿处理：发生保险事故后，保险人依据本条款约定在保险责任范围内承担赔偿责任。赔偿方式由保险人与被保险人协商确定。

赔款＝实际修复费用－被保险人已从第三方获得的赔偿金额

在保险期间内，累计赔款金额达到保险金额，本附加险保险责任终止。

（6）附加新增加设备损失险（投保了新能源汽车损失保险的新能源汽车，可投保本附加险）

❶ 保险责任：保险期间内，投保了本附加险的被保险新能源汽车因发生新能源汽车损失保险责任范围内的事故，造成车上新增加设备的直接损毁（图3-3-43），保险人在保险单载明的本附加险的保险金额内，按照实际损失计算赔偿。

❷ 保险金额：保险金额根据新增加设备投保时的实际价值确定。新增加设备的实际价值是指新增加设备的购置价减去折旧金额后的金额。

❸ 赔偿处理：发生保险事故后，保险人依据本条款约定在保险责任范围内承担赔偿责任。赔偿方式由保险人与被保险人协商确定。

赔款＝实际修复费用－被保险人已从第三方获得的赔偿金额

（7）附加车身划痕损失险（投保了新能源汽车损失保险的新能源汽车，可投保本附加险）

❶ 保险责任：保险期间内，被保险新能源汽车在被保险人或被保险新能源汽车驾驶人使用过程中，发生无明显碰撞痕迹的车身划痕损失（图3-3-44），保险人按照保险合同约定负责赔偿。

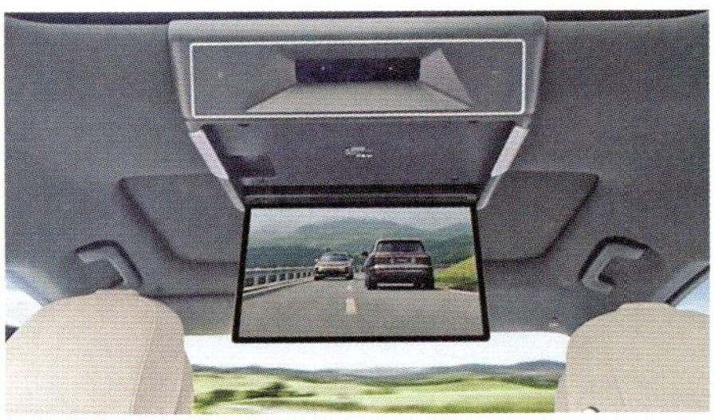

图 3-3-43　加装车载影音系统

图 3-3-44　车身划痕

❷ 责任免除：

a. 被保险人及其家庭成员、驾驶人及其家庭成员的故意行为造成的损失，保险人不承担赔偿责任；

b. 因投保人、被保险人与他人的民事、经济纠纷导致的任何损失，保险人不承担赔偿责任；

c. 车身表面自然老化、损坏，腐蚀造成的任何损失，保险人不承担赔偿责任。

❸ 保险金额：保险金额为2000元、5000元、10000元或20000元，由投保人和保险人在投保时协商确定。

❹赔偿处理：

a. 发生保险事故后，保险人依据本条款约定在保险责任范围内承担赔偿责任，赔偿方式由保险人与被保险人协商确定。

赔款＝实际修复费用－被保险人已从第三方获得的赔偿金额

b. 在保险期间内，累计赔款金额达到保险金额，本附加险保险责任终止。

（8）附加修理期间费用补偿险（投保了新能源汽车损失保险的新能源汽车，可投保本附加险）

❶保险责任：保险期间内，投保了本条款的新能源汽车在使用过程中，发生新能源汽车损失保险责任范围内的事故，造成车身损毁，致使被保险新能源汽车停驶，保险人按保险合同约定，在保险金额内向被保险人补偿修理期间（图3-3-45）费用，作为代步车费用或弥补停驶损失。

图 3-3-45　车辆维修期间

❷责任免除：下列情况下，保险人不承担修理期间费用补偿。

a. 因新能源汽车损失保险责任范围以外的事故而致被保险新能源汽车的损毁或修理。

b. 非在保险人认可的修理厂修理时，因车辆修理质量不合要求造成返修。

c. 被保险人或驾驶人拖延车辆送修期间。

❸保险金额：保险金额＝补偿天数×日补偿金额。补偿天数及日补偿金额由投保人与保险人协商确定并在保险合同中载明，保险期间内约定的补偿天数最高不超过90天。

❹赔偿处理：全车损失，按保险单载明的保险金额计算赔偿；部分损失，在保险金额内按约定的日补偿金额乘以从送修之日起至修复之日止的实际天数计算赔偿，实际天数超过双方约定修理天数的，以双方约定的修理天数为准。

保险期间内，累计赔款金额达到保险单载明的保险金额，本附加险保险责任终止。

（9）附加车上货物责任险（投保了新能源汽车第三者责任险的营业货车，可投保本附加险）

❶保险责任：保险期间内，发生意外事故致使被保险新能源汽车所载货物遭受直接损毁（图3-3-46），依法应由被保险人承担的损害赔偿责任，保险人负责赔偿。

❷责任免除：因下列情况出现的损失，保险人不承担赔偿责任。

a. 偷盗、哄抢、自然损耗、本身缺陷、短少、死亡、腐烂、变质、串味、生锈，动物走失、飞失、货物自身起火燃烧或爆炸造成的货物损失。

b. 违法、违章载运造成的损失。

c. 因包装、紧固不善，装载、遮盖不当导致的任何损失。

d. 车上人员携带的私人物品的损失。

e. 保险事故导致的货物减值、运输延迟、营业损失及其他各种间接损失。

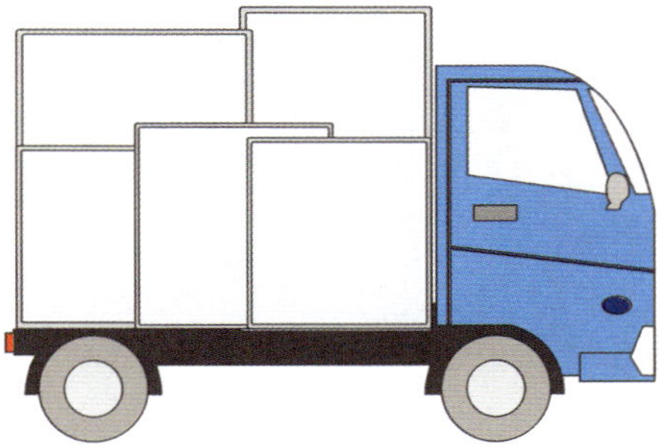

图 3-3-46 车上货物受损

f. 法律、行政法规禁止运输的货物的损失。

③ 责任限额：责任限额由投保人和保险人在投保时协商确定。

④ 赔偿处理：

a. 被保险人索赔时，应提供运单、起运地货物价格证明等相关单据。保险人在责任限额内按起运地价格计算赔偿；

b. 发生保险事故后，保险人依据本条款约定在保险责任范围内承担赔偿责任，赔偿方式由保险人与被保险人协商确定。

（10）附加精神损害抚慰金责任险（投保了新能源汽车第三者责任保险或新能源汽车车上人员责任保险的新能源汽车，可投保本附加险）

在投保人仅投保新能源汽车第三者责任保险的基础上附加本附加险时，保险人只负责赔偿第三者的精神损害抚慰金；在投保人仅投保新能源汽车车上人员责任保险的基础上附加本附加险时，保险人只负责赔偿车上人员的精神损害抚慰金。

图 3-3-47 精神损害抚慰金

① 保险责任：保险期间内，被保险人或其允许的驾驶人在使用被保险新能源汽车的过程中，发生投保的主险约定的保险责任内的事故，造成第三者或车上人员的人身伤亡，受害人据此提出精神损害赔偿请求，保险人依据法院判决及保险合同约定，对应由被保险人或被保险新能源汽车驾驶人支付的精神损害抚慰金（图3-3-47），在扣除机动车交通事故责任强制保险应当支付的赔款后，在本保险赔偿限额内负责赔偿。

❷ 责任免除：

a. 根据被保险人与他人的合同协议，应由他人承担的精神损害抚慰金；

b. 未发生交通事故，仅因第三者或本车人员的惊恐而引起的损害；

c. 怀孕妇女的流产发生在交通事故发生之日起30天以外的。

❸ 赔偿限额：本保险每次事故赔偿限额由保险人和投保人在投保时协商确定。

❹ 赔偿处理：本附加险赔偿金额依据生效法律文书或当事人达成且经保险人认可的赔付协议，在保险单所载明的赔偿限额内计算赔偿。

（11）附加法定节假日限额翻倍险（投保了新能源汽车第三者责任险的家庭自用汽车，可投保本附加险）

保险期间内，被保险人或其允许的驾驶人在法定节假日期间使用被保险新能源汽车发生新能源汽车第三者责任险范围内的事故，并经公安部门或保险人查勘确认的，被保险新能源汽车第三者责任险所适用的责任限额在保险单载明的基础上增加一倍（图3-3-48）。

图 3-3-48　法定节假日限额翻倍

（12）附加医保外医疗费用责任险（投保了新能源汽车第三者责任险或新能源汽车车上人员责任险的新能源汽车，可投保本附加险）

❶ 保险责任：保险期间内，被保险人或其允许的驾驶人在使用被保险新能源汽车的过程中，发生主险保险事故，对于被保险人依照中华人民共和国法律（不含香港、澳门、台湾地区法律）应对第三者或车上人员承担的医疗费用，保险人对超出《道路交通事故受伤人员临床诊疗指南》和国家基本医疗保险同类医疗费用标准的部分（图3-3-49）负责赔偿。

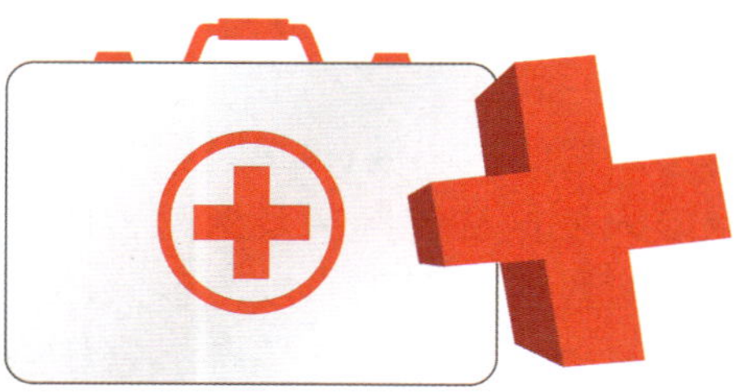

图 3-3-49　医保外医疗费用赔偿

❷ 责任免除：下列损失、费用，保险人不负责赔偿：

a. 在相同保障的其他保险项下可获得赔偿的部分；

b. 所诊治伤情与主险保险事故无关联的医疗、医药费用；

c. 特需医疗类费用。

❸赔偿限额：赔偿限额由投保人和保险人在投保时协商确定，并在保险单中载明。

❹赔偿处理：被保险人索赔时，应提供由具备医疗机构执业许可的医院或药品经营许可的药店出具的、足以证明各项费用赔偿金额的相关单据。保险人根据被保险人实际承担的责任，在保险单载明的责任限额内计算赔偿。

（13）附加新能源汽车增值服务特约条款（投保了新能源汽车保险后，可投保本特约条款）

特约条款包括道路救援（图3-3-50）服务特约条款、车辆安全检测特约条款、代为驾驶服务特约条款、代为送检服务特约条款共四个独立的特约条款，投保人可以选择投保全部特约条款，也可以选择投保其中部分特约条款。保险人依照保险合同的约定，按照承保特约条款分别提供增值服务。

图 3-3-50 道路救援

3.3.2 新能源汽车商业保险与机动车综合商业保险的差异

新能源汽车专属条款更匹配新能源汽车的实际使用场景与风险，车损险保险责任覆盖了电池、“三电”系统等新能源汽车特有的构造，明确了社会各界广泛关注的起火燃烧责任，同时通过附加险拓展了充电桩、外部电网等风险因素，提供更全面的保险保障。

（1）车损险责任的变化

在车损险的保险责任中，新能源汽车专属条款将起火燃烧单独列明，将电池、电机及驱动系统单独列明，明确了充电时出险属于保险责任。

（2）车损险除外责任变化

新能源汽车的动力电池是其重要的组成部分，其成本占整车成本的50%以上，随着使用次数的增加和使用年限的增加，储电性能衰减是不可避免的（图3-3-51），新能源汽车专属条款将电池衰减作为明确的除外责任进行了列明，避免了日后理赔时的纠纷。同时，将外部电网故障导致新能源汽车车辆的损失，也列明属于除外责任。

（3）第三者保险责任变化

新能源汽车专属条款的第三者责任中，列明了车辆起火状态造成他人的损失及行驶、停放、充电状态出险（图3-3-52）属于保险责任，便于客户理解，减少理赔纠纷。

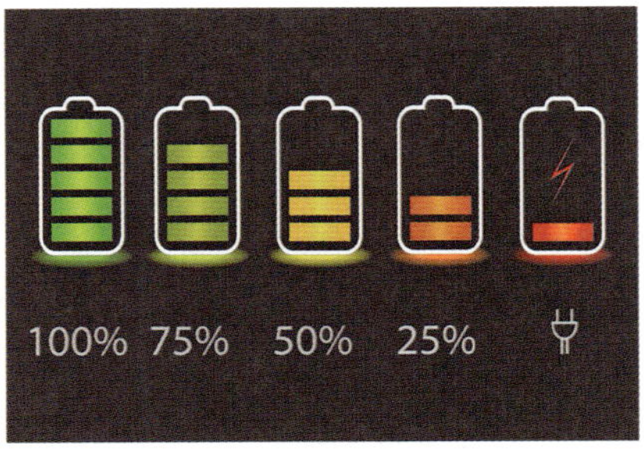

图 3-3-51 电池储电性能衰减

图 3-3-52 充电时车辆燃烧

（4）附加险的变化

与传统燃油车不同，针对新能源汽车在充电过程可能发生的风险，新颁布的新能源汽车商业保险中，新增加了以下附加险。

❶ 附加外部电网故障损失险。

❷ 附加自用充电桩损失险。

❸ 附加自用充电桩责任险。

3.3.3 新能源汽车保险投保建议

新能源汽车保险产品的选择，除了产品保险责任以外，还要结合自身经济状况、驾驶员水平、投保车辆状况、所在地区气候气象情况等多种维度，综合考量。目前，影响新能源汽车保险保费的费率系数包括车龄系数、车型系数、主驾人性别、年龄系数、是否指定驾驶员、无赔优待、投保方式、承保数量、所在地区以及车损险设置不同绝对免赔下的保费调整系数等多项。

（1）基本保障方案

❶ 险种组合：机动车交通事故责任强制保险+第三者责任险。

❷ 保障范围：保障因发生交通事故，给对方造成的人员伤害及财产损失。

❸ 推荐说明：不少新手常常开旧车练手艺（图3-3-53），建议投保时还是要尽量保足金额。而老车的剐蹭即使翼子板变形，只要不影响驾驶，将就一下也未尝不可，因此车损险可以不保，况且老旧车辆的维保也较为便宜。

交通意外事故是常见风险，一旦发生重大人员伤害或者碰撞高档豪华车辆所造成的损失，交强险的赔偿限额往往无法覆盖。因此，投保商业第三者责任险十分必要。

（2）经济保险方案

❶ 险种组合：机动车交通事故责任强制保险+车辆损失险+第三者责

任险。

❷ 保障范围：涵盖了新能源汽车可能面对的大多数风险赔偿责任，发生交通事故后，无论是自身车辆修复的费用，还是给对方造成的损失，都可以得到保险公司赔偿，可以将自身损失降到最低，是大多数车主的选择（图3-3-54）。

图 3-3-53　二手代步车

图 3-3-54　经济保险方案

（3）全面保险方案

险种组合：机动车交通事故责任强制保险+车辆损失险+第三者责任险+附加险（附加外部电网故障损失险+附加自用充电桩损失险+附加自用充电桩责任险）。

由于新能源汽车比传统燃油车增加了充电环节，因此充电过程中可能引发充电设备损坏，充电桩责任需要新能源汽车车主格外注意，可以通过加保附加险的方式进行风险转移（图3-3-55）。

图 3-3-55　全面保险方案

3.3.4　新能源汽车保险投保技巧

❶ 车险实名制实施后，车主投保的4步流程如下。

a. 选择意向保险公司投保。投保方式有拨打客服电话、登录官方网站、通过手机客户端以及去服务网点等（图3-3-56）。

b. 手机短信验证。消费者需向保险公司提供真实有效的手机号码，消费者收到手机短信验证码后，需将验证码告知保险公司，保险公司将协助消费者进行短信验证（图3-3-57）。

图 3-3-56　车险客服

图 3-3-57　短信验证

c. 缴费实名认证（图3-3-58）。手机短信验证通过后，进入缴费实名认证，消费者在保险公司出具的投保人缴费实名认证客户授权书（电子版或纸质版）上签名确认，获得授权后，保险公司通过中国保信全国车险信息平台缴费实名认证系统的验证，确保支付保费账户与投保人信息一致。

图 3-3-58　缴费实名认证

d. 缴费出单。通过缴费实名认证后，消费者可通过本人的银行卡、微信或支付宝一次性全额支付保费（图3-3-59）。支付成功后，保险公司出具保单。

❷ 车辆的保险金额要根据新车购置价确定。车辆损失险保险金额，可以按投保时新车价值或实际价值确定。但要注意保险金额不得超过车辆价值，因为超过的部分无效。

❸ 驾驶人乘客意外伤害险（图3-3-60），在投保时根据使用情况投保一个

座位或几个座位，如果超过2个座位，则5个座位全部投保比较合算。

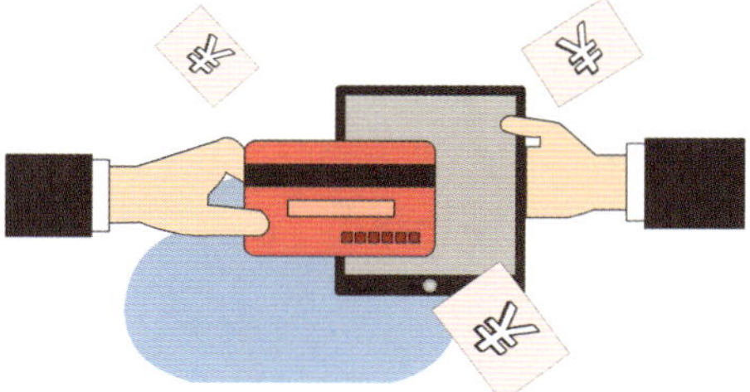

图 3-3-59　平台支付

图 3-3-60　驾驶人乘客意外伤害险

❹第三者责任险有10万、30万、50万、100万、200万、300万、500万元等多个档次，保费根据额度的不同也有相对应的差别。一般来说，保200万元比较合适，一般的事故都能应对。

❺自燃险是对车辆因油路或电路的原因自发燃烧造成损失进行的担保，投保新能源汽车自燃险非常有必要。

❻旧车的盗抢险和车损险，投保时车辆的实际价值按新车购置价减去折旧来确定，一般每年折旧千分之十。

❼看清免责条款。

❽不要重复投保。车主们在投保新能源汽车保险的时候要避免重复投保，有的车主可能会认为自己在某一方面出险的概率比较大，就重复投保这个险种，认为这样就可以得到重复的赔款。其实这种想法是错误的，即使车主重复投保了一个险种，涉及赔款问题也不会得到超额的赔偿款。

❾保险要保全。有些车主为了节省保费，想少保几种险，或者只保车损险，不保第三者责任险，或者只保主险，不保附加险等。其实各险种都有各自的保险责任，假如车辆真的出事，保险公司只能依据当初订立的保险合同承担保险责任给予赔付，而车主的其他一些损失有可能就得不到赔偿。

3.3.5　新能源汽车保险续保技巧

为了避免车险出现保险空档期，建议车主记清楚自己车险的到期时间，可提前1个月续保。为了避免车险出现空档期情况，建议车主记清楚自己车险的到期时间，提前办理续保（图3-3-61）。

购买车险有5种途径：保险公司官网、业务员电话直销、手机APP、4S店和熟人介绍。续保同理，也有这5种渠道。不过随着大家购买车险的驾轻就熟，越来越多的人选择互联网续保，不但可以节省保费，而且省时省力（图3-3-62）。

图 3-3-61　提前办理续保

图 3-3-62　互联网途径续保

想要以更低的费用续保，平时的良好行车记录是决定性因素，简单来讲，理赔次数的多少，将决定下一年度车险续保的优惠程度（图3-3-63）。

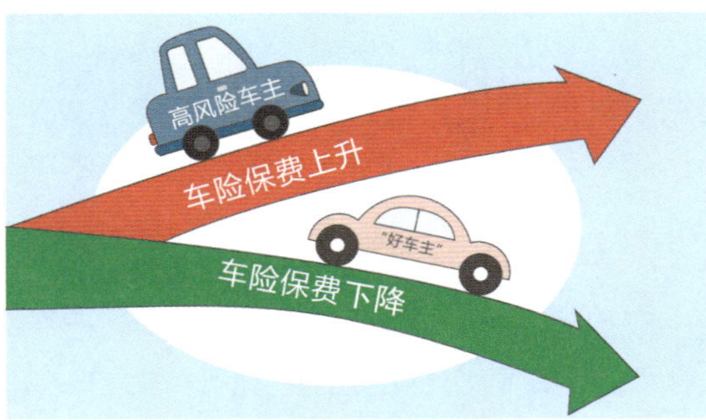

图 3-3-63　保费与出险次数

3.3.6　新能源汽车保险投保流程

新能源汽车保险投保流程与传统燃油车投保流程一致（图3-3-64），都是保险人在投保人提出投保请求时，经审核其投保内容后，同意接受其投保申请，并按照有关保险条款承担保险责任的过程。

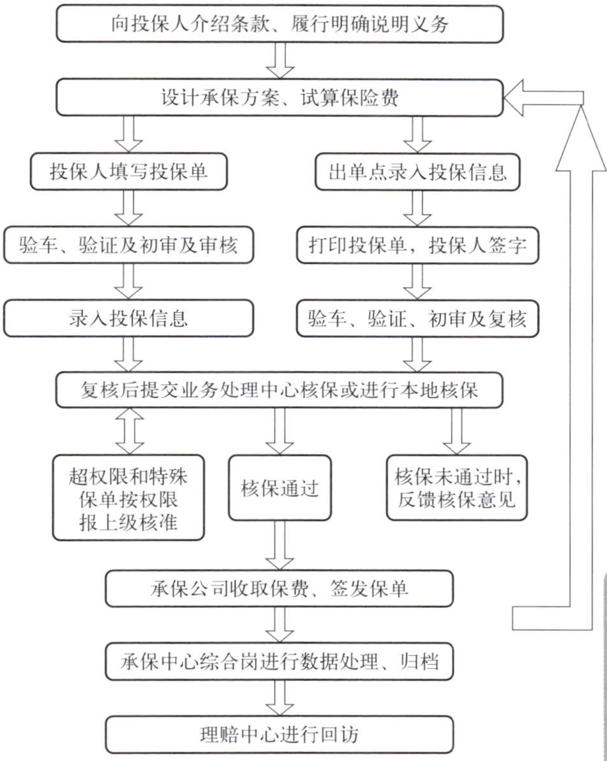

图 3-3-64　投保流程

扫一扫
视频精讲

❶ 展业。包括保险方案设计、投保工作细则和验车三部分，工作细则为保险人履行明示告知义务。客户投保时需要提供车辆行驶证（新车没有行驶证的应提供购车发票、合格证、车辆临时号牌）。保险公司在订立保险合同时，应确认投保人与被保险人的关系，核对投保人和被保险人的有效身份证件或者其他身份证明文件，登记投保人、被保险人身份基本信息（图3-3-65），并留存有效身份证件或者其他身份证明文件的复印件或者影印件。保前验车是承保的重要环节，可以有效防止风险逆选择，展业人员对于属于验车范围的车辆必须按规定做好验车工作。

❷ 初审。初审人员根据公司《投保单填写规范》和验车工作要求对投保单及验车单进行审核（图3-3-66）。

❸ 录单。在核心业务系统中录入投保单或批单，注意各项承保要素之间的逻辑关系，不能违背费率规章或当地市场的监管规定。

图 3-3-65 被保险人身份基本信息

图 3-3-66 对投保单进行审核

❹核保。核保人在系统中审核投保单（图3-3-67）、验车照片及拓印的发动机号和车架号与其他承保资料，根据投保单内容审核投保单是否符合所选择的费率表适用条件，审核验车情况及公司核保政策的规定，决定是否承保及具体的承保条件。

❺交费。交费是承保管理中的重要环节（图3-3-68），也是保单生效的前提条件。目前，在全国范围内普遍实施的车险“见费出单”管理制度，改变了车险原有的管理流程，有效控制了公司应收保费的管理风险。

图 3-3-67 在系统中审核投保单

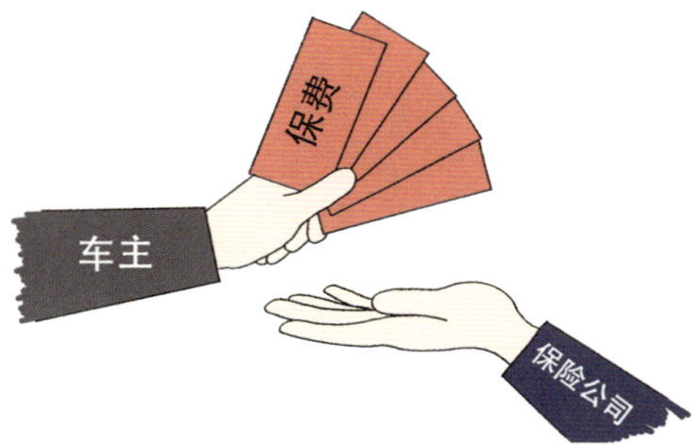

图 3-3-68 缴纳保费

❻出单。对于已交费且生成保单号的保单，由出单员负责打印保险凭证。

❼送单。销售人员应及时将保单正本、发票正本保险条款等保险凭证送达客户手中，履行告知义务。

❽归档。出单员应妥善保管有价单证，每天工作结束后应将投保单、保险单、保费收据、保险证等进行清分归类。

第4章

新能源汽车保险理赔

本章配套视频名称	二维码页码
车险现场如何正确报案	P069
车险事故快处理	P086
车辆涉水	P087

4.1 汽车理赔概述

4.1.1 汽车理赔的含义、特点及原则

（1）含义

汽车理赔是指投保人因车辆事故或灾害造成损失后（图4-1-1），通过保险合同向保险公司申请赔偿的过程，核心在于将损失转移给保险人以恢复生产生活。

图 4-1-1 车辆事故

（2）特点

❶ 风险转移：通过保险机制将个体风险分散到整个投保群体，形成经济互助基金。

❷ 补偿性质：遵循“填平”原则，仅赔偿实际损失且避免不当得利（如车辆全损按实际价值赔付）。

❸ 时效要求：法律规定保险公司需在30日内核定赔付，保障效率。

（3）原则

❶ 诚信原则：双方需如实告知（如索赔材料真实性）。

❷ 近因原则：仅赔偿直接损失，排除间接因素。

❸ 实际损失补偿：按实际损失金额赔付，防止过度补偿。

❹ 及时高效原则：要求快速处理案件以减少损失扩大。

❺ 合法合规原则：严格依据保险合同条款执行。

4.1.2 理赔工作的模式

（1）传统线下理赔模式

需车主自行联系保险公司和交警部门，提交事故现场照片、责任认定书等材料，经历定损、维修、垫付费用、理赔等环节，全程耗时较长且需多次往返。

（2）线上一体化理赔模式

通过APP等平台完成线上定责、理赔，支持事故证据线上提交、责任认定书电子推送，理赔款最快1小时内到账，平均处理时间缩短50%（图4-1-2）。

图 4-1-2 线上一体化理赔

扫一扫
视频精讲

（3）混合模式

结合线下查勘与线上流程优化，适用于复杂事故。例如轻微事故采用线上定责，重大事故仍需线下查勘指导。

当前主流保险公司普遍采用混合模式，例如中华财险的“保交联动”服务将线上定责与线下维修结合，支持线上提交维修报价单等材料。

4.2 新能源汽车交通事故责任强制保险理赔

4.2.1 接报案和理赔受理

保险公司应建立全天候接报案服务制度，确保“365天×24小时”报案渠道畅通，并在营业网点和互联网向社会公示统一报案电话，提示和引导消费者出险后及时报案。各保险公司所有车险出险报案统一由客户服务中心归口受理。可以采取多种方式受理报案，如客户拨打客户服务中心电话，通过微信、移动APP等方式报案等（图4-2-1）。

图 4-2-1 移动 APP 报案

接到被保险人或者受害人报

案后，应询问有关情况（图4-2-2），并立即告知被保险人或者受害人具体的赔偿程序等有关事项。涉及人员伤亡或事故一方没有投保交强险的，应提醒事故当事人立即向当地交通管理部门报案。保险人应对报案情况进行详细记录，并录入业务系统统一管理。

书面一次性告知索赔单证。保险人应当在收到赔偿申请时立即以索赔须知的方式，一次性书面告知被保险人需要向保险人提供的与赔偿有关的证明和资料（图4-2-3）。索赔须知必须通俗、易懂，并根据《交强险索赔单证规范》勾选与赔偿有关的证明和资料。各公司可以减少交强险索赔单证，不得以任何理由增加索赔单证种类和要求。

图 4-2-2　询问有关情况

图 4-2-3　索赔须知

4.2.2　查勘和定损

事故各方机动车的保险人在接到客户报案后，有责方车辆的保险公司应进行查勘，对受害人的损失进行核定。无责方车辆涉及人员伤亡赔偿的，无责方保险公司也应进行查勘定损（图4-2-4）。事故任何一方的估计损失超过交强险

图 4-2-4　保险公司进行查勘

各分项赔偿限额的，应提醒事故各方当事人依法进行事故责任划分。事故涉及多方保险人，但存在一方或多方保险人未能进行查勘定损的案件，未能进行查勘定损的保险人，可委托其他保险人代为查勘定损；受委托方保险人可与委托方保险人协商收取一定费用。接受委托的保险人，应向委托方的被保险人提供查勘报告、事故/损失照片和由事故各方签字确认的损失情况确认书。

4.2.3 垫付与追偿

（1）抢救费用垫付条件

同时满足以下条件的，可垫付第三者受害人的抢救费用。

❶ 符合《机动车交通事故责任强制保险条例》第二十二条规定的情形：

a. 驾驶人未取得驾驶资格或者醉酒驾驶的；

b. 被保险机动车被盗抢（图4-2-5）期间肇事的；

c. 被保险人故意制造道路交通事故的（图4-2-6）。

图 4-2-5　机动车被盗

图 4-2-6　故意制造道路交通事故

有以上所列情形之一，发生道路交通事故的，造成受害人的财产损失，保险公司不承担赔偿责任。

❷ 接到公安机关交通管理部门要求垫付的通知书。

❸ 第三者受害人送医院抢救，且抢救费用已经产生，抢救医院提供了抢救费用单据和明细项目。

❹ 不属于应由道路交通事故社会救助基金垫付的抢救费用。

（2）垫付标准

按照交通事故人员创伤临床诊疗指南和抢救地的国家基本医疗保险的标准，在交强险医疗费用赔偿限额或无责任医疗费用赔偿限额内垫付抢救费用（图4-2-7）。第三者受害人中被抢救人数多于一人且在不同医院救治的，在交强险医疗费用赔偿限额或无责任医疗费用赔偿限额内按人数进行均摊；也可以根据医院和交警的意见，在限额内酌情调整。

图 4-2-7 垫付费用

（3）垫付方式

自收到交警部门出具的书面垫付通知、伤者病历/诊断证明、抢救费用单据和明细之日起，及时向抢救受害人的医院出具《承诺垫付抢救费用担保函》，或将垫付款项划转至抢救医院在银行开立的专门账户不进行现金垫付。

（4）追偿

对于所有垫付的案件，保险人垫付后有权向致害人追偿。追偿收入在扣减相关法律费用（诉讼费、律师费、执行费等）、追偿费用后，全额冲减垫付款。

4.2.4 抢救费用支付

当被保险人或者伤者提出在交强险的范围内垫付抢救费用时，保险公司审批是否支付垫付费用，必须同时满足以下条件：

❶ 接到交警部门签署的书面支付通知书；

❷ 属于交强险保险责任范围内；

❸ 受害人被抢救，且抢救费用已经产生，医院提供了病历/诊断证明、抢救费用明细清单（图 4-2-8）；

❹ 抢救所用药品、检查费用等必须与本次事故有关，并符合国务院卫生主管部门组织制定的有关临床诊疗指南和国家基本医疗保险标准。

若本次事故不构成保险责任，如受害人的故意行为等，非抢救费用或抢救费用不符合国务院卫生主管部门组织制定的有关临床诊疗指南和国家基本医疗保险标准的费用；非本次事故交强险第三者受害人的抢救费用，则不予支付。如果存在以下情况，可以引导伤者向道路交通事故社会救助基金（图 4-2-9）申请垫付抢救费用：

❶ 抢救费用超过交强险医疗费用赔偿限额的；

❷ 肇事机动车未参加机动车交通事故责任强制保险的；

❸ 机动车肇事后逃逸的。

当保险公司接到公安机关交通管理部门抢救费用支付的书面通知后应及时核实承保、事故情况，在1个工作日之内出具《承诺支付/垫后，付抢救费用担保函》，交被保险人送至伤者抢救所在医院，并提供医院接受支付抢救费的划转账户的开户行及账号，同时对伤者病历/诊断证明、抢救费用单据和明细进行审核，如果抢救费用总额达到或超过交强险医疗费用赔偿限额同时抢救过程已经结束，保险公司可以向医院出具交强险抢救费用支付/垫付说明书，并及时将款项划至救治医院指定账户。注意，抢救费用不得进行现金支付。

图 4-2-8　抢救费用支付

图 4-2-9　道路交通事故社会救助基金

4.2.5　免责条款

交强险不负责赔偿和垫付的损失及费用：因受害人故意造成的交通事故的损失；被保险人所有的财产及被保险机动车上的财产遭受的损失；被保险机动车发生交通事故，致使受害人停业、停驶、停电、停水、停气、停产、通信或者网络中断、数据丢失、电压变化等造成的损失，以及受害人财产因市场价格变动造成的贬值、修理后因价值降低造成的损失等其他各种间接损失；因交通事故产生的仲裁或者诉讼费用以及其他相关费用（图4-2-10）。

图 4-2-10　停工赔偿申请

4.2.6 赔偿处理

4.2.6.1 赔偿原则

保险人在交强险责任范围内负责赔偿被保险机动车因交通事故造成的对第三者受害人的损害赔偿责任，赔偿金额以交强险条款规定的分项责任限额为限，各分项限额下的赔款单独计算。其中，“第三者受害人”为事故中被保险机动车的第三者受害人（图4-2-11），不包括被保险机动车本车上的人员、被保险人。

图 4-2-11 第三者受害人

被保险人书面请求保险人直接向第三者（受害人）赔偿保险金的，保险人应向第三者（受害人）就其应获赔偿部分直接赔偿保险金。被保险人未书面请求保险人向第三者（受害人）赔偿保险金，且接保险人通知后，无故不履行赔偿义务超过15日的，保险人有权就第三者（受害人）应获赔偿部分直接向第三者（受害人）赔偿保险金。

交强险的案件应与其他保险业务分开立案、分开记录、分开结案，道路交通事故肇事方（被保险人）、受害人等对交强险赔偿以上部分存在争议的，不影响其及时获得交强险的赔偿（图4-2-12）。道路交通事故肇事方（被保险人）、受害人等对交强险某分项责任赔偿存在争议的，不影响其及时获得交强险其他分项责任的赔偿。

图 4-2-12 赔偿保险金

4.2.6.2 赔偿时限

对涉及财产损失的，保险公司应当自收到被保险人提供的证明和资料之日起1日内，对是否属于保险责任做出核定，并将结果通知被保险人。对涉及人身伤亡的，保险公司应当自收到被保险人提供的证明和资料之日起3日内，对是否属于保险责任做出核定，并将结果通知被保险人（图4-2-13）。

对不属于保险责任的，保险公司应当自做出核定之日起3日内向被保险人或者受益人发出拒绝或拒绝给付保险金通知书，并书面说明理由。

❶ 对属于保险责任在2000元以下的仅涉及财产损失赔偿案件，被保险人索赔单证齐全的，保险公司应在当日给付保险金。

❷ 对属于保险责任在10000元以下的人身伤亡赔偿案件，被保险人索赔单证齐全的，保险公司应在3日内给付保险金。

❸ 对属于保险责任在50000元以下的人身伤亡赔偿案件，被保险人索赔单证齐全的，保险公司应在5日内给付保险金。

❹ 对属于保险责任的交强险赔偿案件，被保险人索赔单证齐全的保险公司应当在被保险人提出索赔申请7日内给付保险金。

保险人自收到赔偿或者给付保险金的请求和有关证明、资料之日起20日内，对其赔偿或者给付保险金的数额不能确定的，应当根据已有证明和资料可以确定的数额先予支付；保险人最终确定赔偿或者给付保险金的数额后，应当支付相应的差额（图4-2-14）。

图 4-2-13 属于保险责任

图 4-2-14 保险金

4.2.6.3 赔款计算

❶ 基本计算公式。

保险人在交强险各分项赔偿限额内，对受害人死亡伤残费用、医疗费用、财产损失分别计算赔偿。

$$总赔款 =\sum 各分项损失赔款 = 死亡伤残费用赔款 + 医疗费用赔款 + 财产损失赔款$$

注：∑为求和。

各分项损失赔款＝各分项核定损失承担金额，即：

a. 死亡伤残费用赔款＝死亡伤残费用核定承担金额；

b. 医疗费用赔款＝医疗费用核定承担金额；

c. 财产损失赔款＝财产损失核定承担金额。

各分项核定损失承担金额超过交强险各分项赔偿限额的，各分项损失赔款等于交强险各分项赔偿限额（图4-2-15）。

图 4-2-15 赔款计算

❷ 当保险事故涉及多个受害人时，如图4-2-16所示。

a. 基本计算公式中的相应项目表示为各分项损失赔款=∑各受害人各分项核定损失承担金额，即：

ⓐ死亡伤残费用赔款=∑各受害人死亡伤残费用核定承担金额；

ⓑ医疗费用赔款=∑各受害人医疗费用核定承担金额；

ⓒ财产损失赔款=∑各受害人财产损失核定承担金额。

b. 各受害人各分项核定损失承担金额之和超过被保险机动车交强险相应分项赔偿限额的，各分项损失赔款等于交强险各分项赔偿限额。

c. 各受害人各分项核定损失承担金额之和超过被保险机动车交强险相应分项赔偿限额的，各受害人在被保险机动车交强险分项赔偿限额内应得到的赔偿为：被保险机动车交强险对某一受害人分项损失的赔偿金额＝交强险分项赔偿限额×（事故中某一受害人的分项核定损失承担金额/∑各受害人分项核定损失承担金额）。

图 4-2-16 保险事故涉及多个受害人

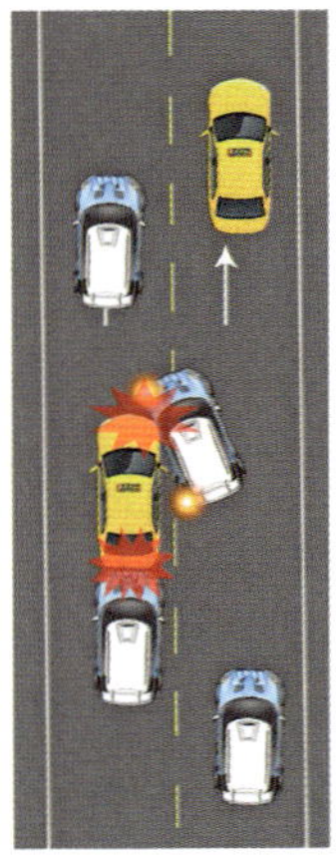

图 4-2-17 保险事故涉及多辆肇事机动车

③ 当保险事故涉及多辆肇事机动车时，如图4-2-17所示。

各被保险机动车的保险人分别在各自的交强险各分项赔偿限额内，对第三者受害人的分项损失计算赔偿。各方机动车按其适用的交强险分项赔偿限额占总分项赔偿限额的比例，对受害人的各分项损失进行分摊。

某分项核定损失承担金额=该分项损失金额×（适用的交强险该分项赔偿限额/∑各致害方交强险该分项赔偿限额）。

a. 肇事机动车中的无责任车辆（图4-2-18），不参与对其他无责车辆和车外财产损失的赔偿计算，仅参与对有责方车辆损失或车外人员伤亡损失的赔偿计算。

图 4-2-18 无责任车辆

b. 无责方车辆对有责方车辆损失应承担的赔偿金额，由有责方在本方交强险无责任财产损失赔偿限额项下代赔。

一方全责，一方无责的，无责方对全责方车辆损失应承担的赔偿金额为全责方车辆损失，以交强险无责任财产损失赔偿限额为限。

一方全责，多方无责的，无责方对全责方车辆损失应承担的赔偿金额为全责方车辆损失，以各无责方交强险无责任财产损失赔偿限额之和为限。

多方有责，一方无责的，无责方对各有责方车辆损失应承担的赔偿金额以交强险无责任财产损失赔偿限额为限，在各有责方车辆之间平均分配。

图 4-2-19　交强险过期

多方有责，多方无责的，无责方对各有责方车辆损失应承担的赔偿金额以各无责方交强险无责任财产损失赔偿限额之和为限，在各有责车辆之间平均分配。

c. 肇事机动车中应投保而未投保交强险以及保险过期（图4-2-19）的车辆，视同投保交强险机动车参与计算。

d. 对于相关部门最终未进行责任认定的事故，统一适用有责任限额计算。

肇事机动车均有责任且适用同一限额的，简化为各方机动车对受害人的各分项损失进行平均分摊。

对于受害人的机动车、机动车上人员、机动车上财产损失：某分项核定损失承担金额=受害人的该分项损失金额$N-1$，N为事故中所有肇事机动车的数量。

对于受害人的非机动车、非机动车上人员、行人、机动车外财产损失：肇事机动车中应投保而未投保交强险的车辆，视同投保机动车参与计算。

初次计算后，如果有致害方交强险限额未赔足，同时有受害方损失没有得到充分补偿，则对受害方的损失在交强险剩余限额内再次进行分配，在交强险限额内补足。对于待分配的各项损失合计没有超过剩余赔偿限额的，按分配结果赔付各方；超过剩余赔偿限额的，则按每项分配金额占各项分配金额总和的比例乘以剩余赔偿限额分摊，直至受损各方均得到足额赔偿或应赔付方交强险无剩余限额。

❹ 受害人财产损失需要施救的，财产损失赔款与施救费累计不超过财产损失赔偿限额。

❺ 主车和挂车在连接使用时发生交通事故，在主车的交强险责任限额内承担赔偿责任。

❻ 被保险机动车投保一份以上交强险的，保险期间起期在前的保险合同承担赔偿责任，起期在后的保险合同不承担赔偿责任。

❼ 死亡伤残费用和医疗费用的核定标准：按照《最高人民法院〈关于审理人身损害赔偿案件适用法律若干问题的解释〉》规定的赔偿范围、项目和标准，《人体损伤致残程度分级》以及《交通事故人员创物临床诊疗指南》和交通事故发生地的基本医疗标准核定人身伤亡的赔偿金额。

4.2.7 特殊案件处理

对于涉及人员伤亡的事故（图4-2-20），损失金额明显超过保险车辆适用的交强险医疗费用赔偿限额或死亡伤残赔偿限额的，保险公司可以根据被保险人的申请及相关证明材料，在交强险分项限额内先对相关事故损失予以赔付。待事故处理完毕、损失金额确定后，再对剩余部分在商业险项下赔偿结案。事故责任明确，且事故各项损失已核定，损失金额明显超过各交强险分项限额的事故，可以交强险提前结案处理。

如果事故中涉及2人及以上受害人的，总损失超过交强险赔偿限额的，须预留未提交索赔受害人的交强险赔偿限额余额，根据事故情况做预赔处理，不宜做结案处理。

被保险人申请满限额提前结案时，需提供相关证明材料（图4-2-21），包括索赔申请书、机动车行驶证、机动车驾驶证、被保险人身份证明、领取赔款人身份证明道路交通事故认定书、人员费用证明、医院诊断证明、医疗费报销凭证、死亡证明、被抚养人证明等。

图4-2-20　造成人员伤亡

图4-2-21　提供相关证明材料

保险公司在收到索赔申请和相关单证后进行审核，对于根据现有材料能够确定赔款金额明显超过医疗费用限额或死亡伤残限额的案件，应由医疗审核人员签署意见，在5日内先予支付赔款。不再涉及交强险赔付的，对交强险进行结案处理。

保险公司收到受害人抢救费用支付申请时（图4-2-22），被保险人在交通事故中是否有责任尚未明确的，在无责任医疗费用赔偿限额内支付抢救费用。

图 4-2-22　抢救费用支付申请

在道路交通管理部门能够确认被保险人在交通事故中负有责任后，保险公司应及时在交强险医疗费用赔偿限额内补充应支付的抢救费用。

交通事故第三者死亡人员身份无法确认的，保险公司可以对已产生的费用中医疗费、丧葬费按照交强险赔偿标准凭票据赔偿，其他项目损失原则上不应向无赔偿请求权的个人或机构赔偿，有司法法律文书的按判决另行处理。

4.2.8　支付赔款

被保险人给第三者造成伤害，对第三者应负的赔偿责任确定的，根据被保险人的请求，保险人应当直接向该第三者赔偿。被保险人怠于请求的，第三者就其应获赔偿部分直接向保险人请求赔偿的，保险人可以直接向该第三者赔偿，支付赔款（图4-2-23）。

图 4-2-23　支付赔款

被保险人或其允许的驾驶人给第三者造成损害，未向该第三者赔偿的，保险人不得向被保险人赔偿。被保险人已经赔付受害人，提供已赔偿受害人凭证，事故索赔相关单证齐全的，保险公司按时效要求及时理算赔付。索赔时应当向保险人提供以下材料。

❶ 人民法院签发的判决书或执行书，或交警部门出具的交通道路交通事故认定书和调解书原件；三证一卡（行驶证、驾驶证、被保险人身份证、银行卡），拍照以后照片保存在理赔影像系统中。

❷ 受害人的有效身份证明；受害人人身伤残程度证明以及有关损失清单

和费用单据；其他与确认保险事故的性质、原因、损失程度等有关的证明和资料。

③ 赔款支付的收款人身份证（拍照留存）。

④ 被保险人的身份证（拍照留存）。

保险事故涉及多个受害人的，在所有受害人均提出索赔申请，且受害人所有材料全部提交后，保险人方可计算赔款。事故中所有受害人的分项核定损失之和在交强险分项赔偿限额之内的，按实际损失计算赔偿。各受害人各分项核定损失承担金额之和超过被保险机动车交强险相应分项赔偿限额的，各受害人在被保险机动车交强险分项赔偿限额内应得到的赔偿为：被保险机动车交强险对某一受害人分项损失的赔偿金额=交强险分项赔偿限额×（事故中某一受害人的分项核定损失承担金额/各受害人分项核定损失承担金额）。

4.2.9 直接向受害人支付赔款的赔偿处理

发生第三者受害人人身伤亡或财产损失，且符合下列条件之一的，保险人可以受理受害人的索赔：被保险人出具书面授权书（图4-2-24），人民法院签发的判决书或执行书，被保险人死亡、失踪、逃逸、丧失索赔能力，被保险人拒绝向受害人履行赔偿义务，法律规定的其他情形。受害人索赔时应当向保险人提供以下材料。

图 4-2-24 被保险人出具书面授权书

① 人民法院签发的判决书或执行书，或交警部门出具的交通道路交通事故认定书和调解书原件。

② 受害人的有效身份证明；受害人人身伤残程度证明以及有关损失清单和费用单据；其他与确认保险事故的性质、原因、损失程度等有关的证明和资料。

③ 经被保险人书面授权的，还应提供被保险人书面授权书。

④ 赔款支付的收款人身份证（拍照留存）。

⑤ 事故中被保险车辆行驶证、肇事人的驾驶证（复印件或原件照片）；如受害人无法提供的，保险公司应通过交通管理部门等其他方式取得。

4.2.10 结案和归档

赔款支付后，保险公司应及时进行结案处理，结案分为自动结案和人工结案两种模式。结案后，应对赔案的各种理赔单证做好存档管理，归档包括电子理赔单证归档和纸质理赔单证归档。

电子理赔单证归档（图4-2-25）：理赔单证应电子化上传车险理赔影像系统，电子理赔单证归档，在系统中保存。

图 4-2-25　电子理赔单证归档

纸质理赔单证归档（图4-2-26）：客户提供的重要证明、必要的发票、鉴定书等纸质材料须保留纸质材料，按照档案管理规定进行归档。

图 4-2-26　纸质理赔单证归档

其他理赔单证包括保险公司理赔系统自有单证、在查勘定损或资料收集环节采用拍照扫描等方式收集的单证，可将电子单证上传到车险理赔系统归档保存，符合小额理赔范围的简单案件，可仅保留电子档案，不再留存纸质材料归档。事故认定书、医疗费用原始票据及费用清单、领取赔款授权书等单证，交强险理赔保险公司留存原件。三证一卡（行驶证、驾驶证、被保险人身份证、银行卡）照片保存在理赔影像系统中。

4.3 新能源汽车商业保险理赔

4.3.1 接报案

保险公司应建立全天候接报案服务制度，确保“365天×24小时”报案渠道畅通，并在营业网点和互联网向社会公示统一报案电话，提示和引导消费者出险后及时报案。各保险公司所有车险出险报案统一由客户服务中心归口受理。可以采取多种方式受理报案，如客户拨打客户服务中心电话，通过微信、移动APP等方式报案（图4-3-1）。

图 4-3-1 接报案方式

对车险理赔，保险公司接到报案时应准确记录报案信息（图4-3-2），提醒报案人需注意的事项，告知报案受理结果，及时进行查勘调度，并将报案号、理赔人员联系方式通过电话、短信、即时通信工具等方式告知报案人。已建立交通事故快赔处理机制的地区，应引导报案人按照当地快赔处理模式处理。

保险公司接报案人员负责受理、记录客户报案信息，如实告知客户相关权益，提醒客户注意事项，对客户进行理赔服务和索赔流程引导操作时应遵循以下要点。

❶ 接报案人员按统一的接报案标准话术进行操作，话术要简洁、明确、礼貌。

❷ 按照报案人提供的保险信息，查询、核对保单等相关信息，核实报案人身份及与被保险人关系。

❸ 询问报案人与事故有关的案情和相关信息，根据询问内容规范记录报

案信息等内容，初步判断保险责任。

图 4-3-2　记录报案信息

④ 对于事故情况复杂、涉及人员伤亡的案件，应提醒当事人保护事故现场，及时向交警报案；涉及人员抢救的，报120救护电话等相关理赔注意事项。对于车辆碰撞涉及电池损失的案件，应提醒客户注意人身安全，不要自行触碰车辆，避免造成人身伤亡及扩大事故损失。

⑤ 根据事故案情告知客户必要的后续理赔事宜，向报案人发送所需的相关信息。

⑥ 对于发生保险条款列明的、符合代位求偿的案件，应按代位求偿相关规定做好记录，并对客户做好告知和引导。

4.3.2　调度

保险公司在接到报案以后应立即系统调度，派工给理赔人员，保险公司调度人员（图4-3-3）负责受理接报案岗提交的各类报案调度请求，联系并调度相关理赔人员开展现场查勘定损工作；受理客户救援、救助请求，联系并调度协作单位开展相关工作；对调度信息进行记录，并及时向客户反馈调度信息。操作时应遵循以下要点。

① 判断报案信息是否完整、规范，如报案信息不规范且影响调度工作的，与客户核实确认后，将报案信息补充完善。

② 接到调度任务时应迅速、准确、完整地进行调度，并及时通知被调度的人员，登记后续处理人员及联系方式。

③ 调度时需要根据报案信息判断调度类型，调度类型分为查勘调度、定损调度和人伤处理调度，并按调度模式和规则进行任务调度。

图 4-3-3 调度人员

❹ 调度任务改派和追加时应及时通知后续处理人员，调度任务注销时应填写原因。

❺ 做好调度后续跟踪工作，做好调度及其相关环节的流程监控。

❻ 客户及查勘人员需要提供救助服务的，应立即实施救助调度，通知施救服务单位，登记相关救援信息。

❼ 当遇到特殊天气，报案量异常增多时，应及时启动极端天气应急预案并做好相关工作流程的衔接。

保险公司调度完成，须及时以系统推送、电话、微信、短信、理赔系统APP等形式通知查勘定损和人伤案件处理人员进行理赔处理。

4.3.3 查勘

❶ 现场查勘模式：即事故发生后客户现场报案，车辆仍在出险现场，查勘定损工作人员（图4-3-4）前往出险现场进行查勘。该模式适用于客户要求现场查勘或公司为控制风险而要求进行现场查勘的案件。

图 4-3-4 现场查勘定损工作人员

❷在线远程查勘（客户自助查勘）模式：客户在出险现场通过微信、APP客户端等方式进行拍照上传，线上查勘人员远程进行指导、照片审核并收集客户出险信息，在线审核案件真实性，完成查勘操作（图4-3-5）。该模式应注意复杂案件与特殊案件的风险控制和后期处理的衔接。

❸非现场查勘模式：即事故发生后，客户在事故车辆离开现场后再进行报案，或者客户报案后事故车辆离开现场，不能或不必在出险现场进行查勘工作。该模式适用于交警快速处理（图4-3-6）、快处快赔等类型案件；不适用于重大案件、夜间出险及保险公司认为其他高风险案件、可疑案件。

图 4-3-5　在线远程查勘

图 4-3-6　事故快速处理

❹现场复勘模式：事故发生后，事故车辆离开现场，客户再向保险公司报案，或者客户报案后事故车辆未经查勘离开现场，但为核实事故真实性，需客户返回出险现场进行复勘工作。该模式适用于重大案件、夜间出险及保险公司认为的其他高风险案件、可疑案件（图4-3-7）。

扫一扫
视频精讲

图 4-3-7　复勘刹车痕迹

操作时应遵循以下工作要点。

❶接到查勘调度任务后，10分钟内主动与客户取得联系，初步了解案件情况，确认具体的出险地点。

❷ 查勘地点在城市城区内的，45分钟内到达；查勘地点在城市郊区的，1小时内到达；查勘地点在城市市辖县的，2小时内到达。查勘人员应按照服务承诺，与客户合理约定到达时间，并应在约定的时间内到达现场。涉及人员伤亡和财产设施损失的案件，要提醒客户保护现场并及时向交管部门报案，积极协助客户拨打急救电话，做好伤员救治的协助工作。

❸ 对于符合道路交通事故自行协商处理条件的赔案，应现场协助确认事故责任；事故责任明确的，无须再通过交警处理划分责任。对于不符合自行协商处理条件的赔案，应提醒客户向交通管理部门报案，并协助保护现场。

❹ 如果事故车尚处于危险状态，应协助客户采取有效的施救、保护措施，避免损失扩大。在征得客户同意后，及时协助客户联系救援并在周围做警示标识，避免意外发生。如果客户选择自行联系施救，要及时告知客户施救费用赔付标准。新能源汽车出险案件，在动力电池高压部件损失不明或动力电池漏液、起火冒烟情况下，应远离车辆，等待专业救援机构救援。救援拖车时需使用平板拖车，切勿使用钳式拖车。在查勘过程中，如遇起火冒烟等特殊情况，请勿靠近，立即协助拨打119火警电话。

❺ 新能源汽车出险案件现场查勘时，应注意核实车辆动力电池是否受损、是否漏液，高压部件是否受损。对于新能源汽车水淹事故（图4-3-8）、动力电池受损、漏液，或高压部件受损等存在漏电风险的案件，在第一现场时非必要不要直接接触车辆，待专业施救公司人员确认无漏电风险后再展开查勘工作。必要时需穿戴防护装备，使用试电笔/万用表检查车辆损坏位置附近裸露金属部位（如轮毂）是否带电，确保安全后进行查勘。同时，建议保险公司组建新能源汽车查勘专业队伍并配置必要防护装备。在查勘过程中，应提示承修单位/客户对水淹事故、涉及动力电池损伤事故车辆，将动力电池与车身进行分离并遮蔽，单独存放于室外场地。事故车辆动力电池与其他车辆或物品应保持安全距离，并设立警示标志，避免发生意外。

扫一扫
视频精讲

图 4-3-8 车辆涉水

❻ 查验肇事驾驶人的机动车驾驶证（图4-3-9），对于特种车应查验操作证

的有效性。观察驾驶人的精神状况，是否有饮酒、吸毒等可疑表现，如有上述情况应及时报警处理。拍照收集客户身份证、驾驶证、行驶证、银行账号信息，告知客户需提交的索赔单证；领款人信息收集应符合反洗钱相关规定。不是被保险人驾车时，还应核实驾驶人、报案人的身份以及与被保险人的关系，并与被保险人联系，告知出险情况并核实相关信息。

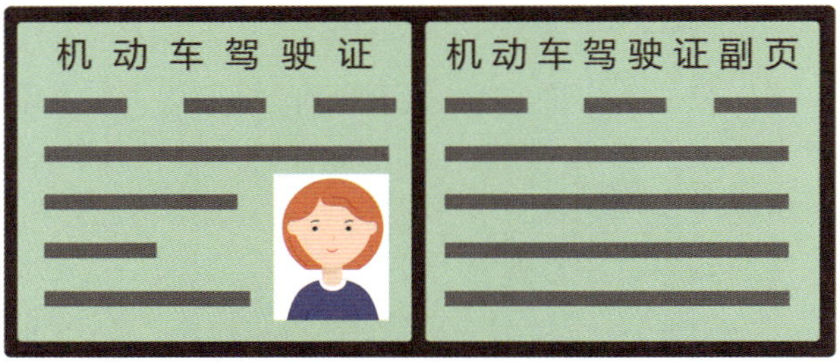

图 4-3-9　核对驾驶人的机动车驾驶证

⑦查验肇事车辆的车型、车牌号、VIN码/车架号（图4-3-10）等信息，确认肇事车辆是否为承保标的；查验肇事车辆的行驶证是否有效，查验肇事车辆出险时的使用性质是否与承保情况相符，车辆有无进行改装或加装设备，危险程度是否显著增加，被保险人、受让人是否及时将转让事宜通知保险人。充电桩发生保险事故的，应注意核实充电桩的地址位置信息、型号、编码等是否与保单承保信息一致。

⑧事故涉及其他第三方车辆的，应查验并记录第三方车辆的号牌号码、车型，以及第三方车辆的交强险保单号、驾驶人姓名、联系方式等信息。

图 4-3-10　查勘现场痕迹

⑨结合车辆损失状况、现场痕迹（图4-3-10）、报案人案情陈述，核实出险时间、地点以及出险经过的真实性。重点注意节假日午后或夜间发生的严重交通事故是否存在酒驾，碰撞痕迹不符的案件是否擅自移动现场或谎报出险地点，事故中被保险车辆是否存在超载情况，两次事故出险时间接近的案件是否存在重复索赔。对老旧车型出险和存在疑点的案件，应对事故真实性和出险经过进行重点调查。

⑩结合承保情况和查勘情况，判断是否属于保险责任。对不属于保险责任或存在条款列明的责任免除的情形的，应收集好相关证据，并在查勘记录中

注明。暂时不能对保险责任进行判断的，应在查勘记录中写明理由，后续参考交警部门的事故认定进行处理。

⑪ 根据受损车辆、货物及其他财产的损失程度，参照相应的标准，尽可能准确地估计事故损失金额。

⑫ 事故照片应包含事故现场全貌的全景照片（图4-3-11）、事故损失情况；事故车辆损失照片应包含多角度全车照片、损失部位、受损车辆号牌号码、VIN码/车架号、仪表盘故障码照片；财产损失照片应包含损失部位、损失程度的相关照片。拍摄内容与交通事故查勘记录的有关记载相一致；拍摄内容应当客观、真实、全面地反映被摄对象；拍摄痕迹时可使用比例尺对高度、长度进行参照拍摄。新能源汽车火灾案件，应重点查看并拍摄充电口是否烧损。充电过程需要鉴定是否为车辆自身原因、充电桩原因或者外界火源造成起火。

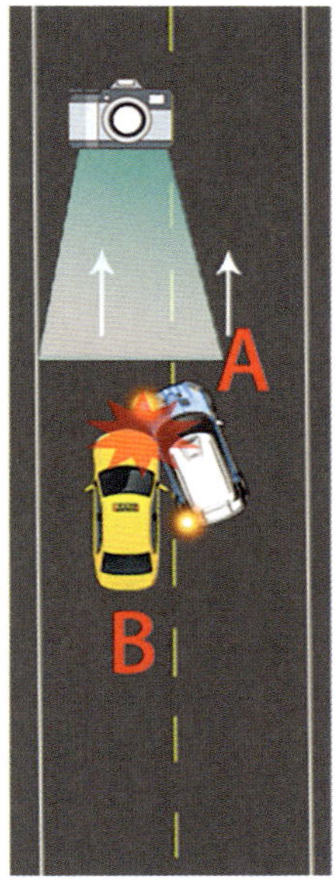

图 4-3-11　事故现场全貌的全景照片

⑬ 指导客户填写索赔申请，并请客户在所需理赔单证正确位置签字或盖章。提醒客户需提交的索赔单证清单。可通过向客户出具书面的《索赔须知》或通过系统短信、微信等方式进行提醒。在《索赔须知》中应勾选客户需要提交的理赔单证清单，并作详细说明指引。

⑭ 指引客户后续索赔流程；根据客户意愿，指引客户进行定损维修。

⑮ 做好小额人伤案件的现场快速处理，其他涉及人伤案件应按人伤案件处理规范及时处理。

⑯ 对于疑难案件、重（特）大案件和风险案件，制作详细的询问笔录，经客户签字后拍照上传车险理赔系统，及时做好重要证据的前期固化与收集。

⑰ 对于客户要求代位求偿的案件，应主动向客户介绍车损险的三种索赔方式，即向责任对方索赔、向责任对方的保险公司索赔、代位求偿。事故中，责任对方为机动车的，应协调车损险被保险人和责任对方共同处理事故（图4-3-12），积极引导责任对方向被保险人履行赔偿义务。

⑱ 客户确定代位求偿方式索赔的案件，责任对方为机动车的，查勘人员应收集并核对接报案时记录的责任对方的车牌号、交强险和商业第三者责任险的承保公司、第三者责任险的责任限额。按照行业的查勘定损工作要求，查勘员应向被保险人出具《"代位求偿"案件索赔申请书》，并指导其本人或单位授权代理人当面填写，填写完整后收回。查勘时，应通过车险平台与责任方保险

公司对应赔案进行准确关联，具体操作按行业《机动车辆损失险代位求偿操作实务》的要求执行。

图 4-3-12　协调处理事故赔偿

4.3.4　立案

❶ 自动立案：系统根据查勘环节录入的相关信息，按照预设的规则引擎对符合条件的案件完成自动立案。

❷ 人工立案（图4-3-13）：根据授权管理的相关规定，由立案岗人员审核后完成立案操作。

图 4-3-13　人工立案

❸ 强制立案：对于报案后超过3天没有完成立案操作的案件，理赔系统将根据报案情况赋予案件强制立案的标识，并按照相应的规则，对案件进行估损赋值（实行报案即立案的公司，系统自动完成估损赋值）。

保险公司立案操作人员应及时对查勘发起的立案任务进行处理，并对未立案案件进行跟踪并及时给予相应的处理；准确录入、调整立案估损金额信息、事故信息、被保险车辆在事故中的责任比例。

4.3.5 定损

保险公司可以采取现场定损、集中定损、上门定损和远程定损等定损模式。

❶现场定损：对于仅涉及小额车损（图4-3-14）、财产及人伤的案件，经现场查勘，责任清晰，损失明确且符合公司相关规定的，可进行事故现场定损处理，实现查定一体化服务。

❷集中定损（图4-3-15）：对于符合当地简易快处条件的交通事故，可依据《道路交通事故处理程序规定》和当地交通管理规定，引导事故当事人前往交通快速处理中心进行处理。对于当地保险行业或公司规定需要统一集中定损的案件，可依据相关规定引导客户前往集中拆检定损中心进行处理。对于当地维修企业相对集中的区域设立定损点，派驻定损人员，对受损车辆进行集中定损处理。

图 4-3-14　小额车损

图 4-3-15　集中定损

❸上门定损（图4-3-16）：对于现场无法定损的车辆，且客户不愿意采取其他定损方式的，可根据客户意愿约定修理地点上门定损。

图 4-3-16　上门定损

❹远程定损：保险公司线上与客户互动，通过远程照片拍摄、视频方式指导客户，完成事故中受损车辆的损失确定。

定损人员接到定损任务后，应主动联系客户，并根据事故情况向客户提供符合客户需求的定损服务模式；与客户共同确定车辆和其他财产损失的维修方案，确定损失项目和维修费用。

图 4-3-17 新能源汽车高压电池损伤

涉及新能源汽车的定损，首先应判断是否漏电，其次要判断是否涉及高压部件损伤，对于不涉及车辆高压部件损失的可参照一般燃油车定损步骤操作。

对于涉及高压部件损伤车辆，要根据新能源汽车高压部件损伤特点，结合事故形式开展工作。高压部件包括动力电池、充电口、高压线束、高压控制部件及执行元件（电机控制器、车载充电机、直流/直流转换器、高压分配单元/高压配电箱、驱动电机、高压空调泵PTC加热器）等。针对水淹事故、涉及动力电池损伤事故（图4-3-17）、已施救至维修厂的车辆，要在第一时间将动力电池与车身进行分离并遮蔽，单独存放于室外场地。事故车辆动力电池与其他车辆或物品应保持安全距离并设立警示标志，避免发生意外。

涉及代位求偿案件的定损，按照《机动车辆损失险代位求偿操作实务》的定损工作要求，及时通知责任方保险公司积极参与定损，提醒责任方保险公司尽快对事故车辆损失进行赔偿处理，尽量减少代位求偿方式索赔。

❶定损案件。必须在规定的时效内完成（图4-3-18），核损通过后，及时告知客户最终定损金额。严禁恶意拖赔、惜赔、无理拒赔等损害客户合法权益的行为。

图 4-3-18 车辆定损

❷判断案件责任。查阅查勘记录、承保情况、历史出险记录等相关信息（图4-3-19），合理判断案件是否存在疑点。若案件没有疑点，则按正常流程继续处理；若案件存在疑点，应及时联系查勘人员核实、复勘或转调查、稽查处理。

图 4-3-19　查阅查勘记录、承保情况

❸核实事故痕迹（图4-3-20）。在对损失标的损失确认过程中，应准确判断事故损失痕迹与事故经过描述是否合理，及时对事故损失情况进行拍照。

图 4-3-20　核实事故痕迹

❹定损处理。对于定损员自身权限内的案件，应根据定损标的事故损失准确核定因本次事故所涉及的车辆维修更换配件、维修工时、残值等费用，对非此次事故造成的损失，应主动与客户说明确认。对于修理项目、方式和费用未与被保险人协商确定的，双方共同委托有资质的第三方进行评估，定损人员须及时将情况上报理赔主管人员（图4-3-21），尽快处理。对于车辆以外财

产损失，应合理确定损失金额，对于定价困难或客户对定价异议较大的特殊案件，应主动多方询价，与当事人协商处理，双方也可以共同委托有资质的第三方公估机构协助定损。当涉及责任对方的，主动通知责任对方参与定损。

图 4-3-21　上报理赔主管人员

❺ 损余回收。定损员应与被保险人协商损余物资合理处理方式。损余物资归保险人的，定损员应在定损单注明并请被保险人签字，同时明确告知被保险人交回的地点；损余物资归被保险人的，应合理作价，在定损金额中扣除。

❻ 提交核损核价。对定损案件提交核损核价人员进行核损核价审核未获通过的，按审核要求对定损项目进行重新确定，对审核退回案件的处理意见有异议的应主动进行协调沟通。

❼ 车辆修竣检验。对于事故修复车辆，在客户提取车辆之前，根据具体情况进行修竣检验（简称复检）（图4-3-22），对维修方案的落实情况、更换配件的品质和修理质量进行检验。

图 4-3-22　车辆修竣检验

❽提交客户确认。定损完成后，应及时向被保险人出具《机动车保险车辆损失情况确认书》(简称定损单)，对定损结果进行确认。被保险人签字确认后相关单证须拍照上传系统；或向客户提供电子化单证，由客户进行电子签名确认。

❾追加定损。受损车辆原则上应一次性定损完成。对于车辆维修过程中发现的损坏部件或需要装车测试确定的部件，经核实后，可追加定损。追加定损时，应注意区分损坏部件是否是本次保险事故造成的，对非本次保险事故造成的损失须及时告知客户，不予以赔偿。

❿损失鉴定。如车辆损失原因不明确，或仅从外观难以确定部件是否损坏，需要进行技术鉴定的，可以进行技术鉴定。

⓫代位求偿案件。确定属于代位求偿的案件，应按照《机动车辆损失险代位求偿操作实务》《机动车辆损失险代位求偿保险公司间追偿与结算机制》的定损操作、互审相关规定执行。

⓬全损(含推定全损)事故处理。全损(含推定全损)事故车辆应先对事故车辆损失进行估价并与被保险人协商处理方式；双方协商同意拍卖的，启动拍卖流程；被保险人要求维修的，进行后续定损处理。

⓭配件低碳修复。定损员应主动宣传车辆维修低碳环保理念，在事故损坏部件修复后，不影响车辆行驶安全性能及美观的前提下，与客户协商低碳修复处理。

⓮附加险损失项目所需定损信息、定损数据录入。涉及附加险所需定损数据的，应根据条款赔偿处理要求进行损失核定，准确录入理赔系统相关信息(如“修理期间费用补偿险”应与被保险人及修理单位协商确认修复天数并在系统中及时录入)。

图 4-3-23　核定电网故障损失类型

针对外部电网故障损失险，要准确核定电网故障损失类型(图4-3-23)，由相关部门出具相关故障成因等材料。自用充电桩责任险，发生事故后要结合承保充电桩位置信息、型号、编码等核定承保标的，涉及火灾事故要提供消防部门火灾证明等，保险公司根据证明材料认定保险责任。

4.3.6　核价核损

保险公司核价核损人员应及时检查查勘定损员是否按规范完成现场查勘定

损工作；审核查勘定损资料的规范性、完整性；审核案件真实性及事故损失是否属于保险责任；审核定损中的维修方式及零部件、工时费等价格结果的合理性、准确性；根据案情需要发起调查、稽查等风险控制请求；监督查勘定损岗执行规章制度的情况（图4-3-24）。

核价核损人员通过对案件信息、事故/定损照片、定损清单及相关资料的审核，及时发现案件风险，提高理赔成本管控效果和处理时效。

图 4-3-24　核价核损

4.3.7　人伤案件处理

人伤案件处理主要包括下列工作模式。

❶ 人伤首次电话跟踪。根据调度环节分为普通方式的首次人伤跟踪（默认为电话跟踪）和小额人伤跟踪两类。

❷ 人伤后续跟踪。根据跟踪方式可分为后续电话跟踪和后续住院探视两类。

❸ 小额人伤现场快速处理。

❹ 人伤案件调解。

❺ 人伤案件审核。具体分为人伤跟踪审核、人伤调解审核、人伤诉讼审核和人伤费用审核。

保险公司人伤理赔处理人员负责对人伤案件从调度查勘到理算核赔前的理赔全流程处理，在人伤案件理赔流程的各个环节开展工作，核实人伤案件的经过、人员伤亡、救治、评残，以及伤者在事故中的属性（伤者是被保险车辆的车上人员，还是被保险车辆以外的第三者）等情况，核定案件人伤损失金额，主动参与人伤案件调解。具体工作如下。

❶ 参与人伤事故处理。

❷ 开展人伤跟踪。

❸ 开展理赔调查。

❹ 协助残疾鉴定。

❺ 参与赔偿调解。

❻ 审核赔偿项目及费用。

4.3.8 理算

对符合自动理算要求的小额简易案件，可通过自动理算方式快速理算（图4-3-25），对超出自动理算条件的案件，采取人工理算方式。理算人员接到理算任务后，应及时对索赔资料进行复核，准确、快速进行理算。

图 4-3-25 快速理算

当新能源汽车与充电桩连接出险时造成第三者损失，损失需要按新能源汽车、充电桩事故责任比例分摊。当同一被保险人的新能源汽车充电桩连接出险造成第三者损失，各险别的赔付顺序为：新能源汽车第三者责任险与附加自用充电桩责任险为第一顺序，附加法定节假日限额翻倍险为第二顺序。当同一被保险人的新能源汽车与充电桩连接出险造成第三者损失，按照新能源汽车第三者责任险与附加自用充电桩责任险的限额比例，在各自的责任限额内进行赔付。

（1）新能源汽车损失保险总赔款计算

❶ 被保险新能源汽车发生全部损失时（图4-3-26），赔款计算如下。

如果被保险人申请按常规索赔方式（即非代位求偿方式），按以下公式计算。

新能源汽车损失保险总赔款 =（车损赔款 + 施救费赔款 − 绝对免赔额）×（1 − 绝对免赔率）

车损赔款 =（保险金额 − 交强险应赔付本车损失金额）× 被保险车辆事故责任比例

施救费赔款 =（核定施救费 − 交强应赔付本车施救费金额）× 被保险车辆事故责任比例

如果被保险人申请车损险代位求偿索赔方式，按以下公式计算。

车损险总赔款 =（车损赔款 + 施救费赔款 − 绝对免赔额）×（1 − 绝对免赔率）

车损赔款 = 保险金额 − 被保险人已从第三方获得的车损赔偿金额

施救费赔款 = 核定施救费 − 被保险人已从第三方获得的施救费赔偿金额

其中，核定施救费 = 合理的施救费用 × 本保险合同保险财产的实际价值/总施救财产的实际价值，最高不超过新能源汽车损失险的保险金额。

图 4-3-26　车辆全损

❷ 被保险新能源汽车发生部分损失时（图4-3-27），保险人按实际修复费用在保险金额内计算赔偿。

如果被保险人申请常规索赔方式（即非代位求偿方式），按以下公式计算。

车损险总赔款 =（车损赔款 + 施救费用赔款 − 绝对免赔额）×（1 − 绝对免赔率）

车损赔款 =（实际修复费用 − 交强险应赔付本车损失金额）× 被保险车辆事故责任比例

施救费赔款 =（核定施救费 − 交强应赔付本车施救费金额）× 被保险车辆事故责任比例

如果被保险人申请车损险代位求偿索赔方式，按以下公式计算。

车损险总赔款 =（车损赔款 + 施救费用赔款 − 绝对免赔额）×（1 − 绝对免赔率）

车损赔款 = 实际修复费用 − 被保险人已从第三方获得的车损赔偿金额

施救费赔款 = 核定施救费 − 被保险人已从第三方获得的施救费赔偿金额

❸ 代位求偿方式下（图4-3-28），车损险赔付及应追偿赔款计算。

车损险被保险人向承保公司申请代位求偿索赔方式时，承保公司应先在车损险项下按代位求偿索赔方式计算出总赔款金额并支付给被保险人，然后向各责任对方分摊应追偿金额；责任对方投保了交强险、商业第三者责任险时，代位公司先向责任对方的保险公司进行追偿（即行业间代位追偿），不足部分再向责任对方进行追偿。

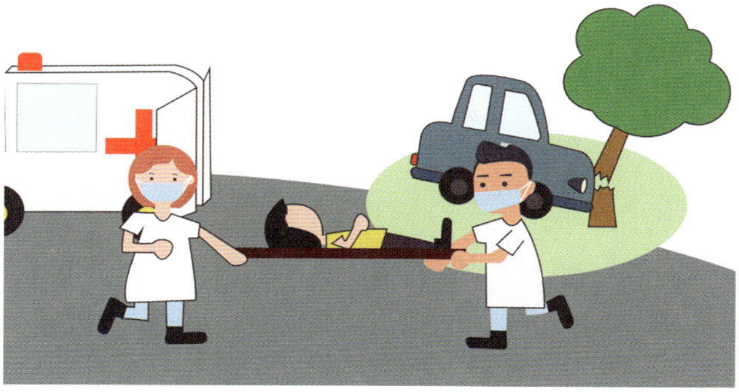

图 4-3-27　车辆部分损失

图 4-3-28　代位求偿

a. 车损险承保公司代位赔付后，按以下方式计算和分摊应向责任对方追偿的代位赔款金额。

应追偿代位赔款金额 = 代位求偿方式下车损险总赔款金额 − 按常规索赔方式车损险应赔付金额

向各责任对方计算分摊追偿金额时，应遵循以下原则：一是先交强险、后商业险；二是交强险赔款计算按行业交强险理赔实务规程执行，按照有责、无责分项限额计算；三是超出交强险部分，按各责任对方的事故责任比例，分别计算向各责任对方的追偿金额。

代位方首先向责任对方的交强险承保公司进行追偿。应向某一责任对方交强险追偿金额等于按照行业交强险理赔实务计算出的该责任对方交强险应承担本车损失的赔偿金额。超出交强险财产分项限额部分的，责任对方投保了商业第三者责任险的，代位方向责任对方的商业第三者责任险承保公司进行追偿。代位方应追偿代位赔款金额减去应向各责任对方交强险追偿金额后，按各责任对方的事故责任比例，分别计算向各责任对方的追偿金额。如果在责任对方的保险责任范围内追偿后，不足以偿付代位方应追偿金额，代位方可继续向责任对方追偿。

b. 车损险被保险人从代位保险公司得到赔款后，就未取得赔偿的部分可以继续向责任对方进行索赔。

c. “实际施救费用”为保险人与被保险人协商确定的合理施救金额。施救的财产中，如含有保险合同未保险的财产，应按保险合同保险财产的实际价值占总施救财产的实际价值比例分摊施救费用。

（2）新能源汽车第三者责任险赔款计算

❶ 当（依合同约定核定的第三者损失金额－机动车交通事故责任强制保险的分项赔偿限额）× 事故责任比例的赔款计算结果大于或等于每次事故赔偿限额时

赔款＝每次事故赔偿限额 ×（1 －绝对免赔率）

❷ 当（依合同约定核定的第三者损失金额－机动车交通事故责任强制保险的分项赔偿限额）× 事故责任比例的赔款计算结果低于每次事故赔偿限额时

赔款＝（依合同约定核定的第三者损失金额－机动车交通事故责任强制保险的分项赔偿限额）× 事故责任比例 ×（1 －绝对免赔率）

“绝对免赔率”是指投保人与保险人在投保附加绝对免赔率特约条款时约定的免赔率。

❸ 主挂车赔款计算。

主车和挂车连接使用时视为一体，发生保险事故时，由主车保险人和挂车保险人按照保险单上载明的主车第三者责任险与挂车第三者责任险责任限额的比例，在各自的责任限额内承担赔偿责任。总赔款限额以主车与挂车第三者责任限额之和为限。

主车应承担的赔款＝总赔款 ×［主车责任限额 ÷（主车责任限额＋挂车责任限额）］

挂车应承担的赔款＝总赔款 ×［挂车责任限额 :（主车责任限额＋挂车责任限额）］

挂车未投保商业险的，不参与分摊在商业第三者责任险项下应承担的赔偿金额。

当挂车承保2014年版条款时，达到赔偿限额的，按照各自保单条款中的约定计算赔偿。

❹ 新能源汽车与充电桩连接事故（图4-3-29）的赔款计算。

当同一被保险人的新能源汽车和充电桩连接使用时共同发生保险事故，造成第三者损失的，按照新能源汽车第三者责任险与附加自用充电桩责任险的限额比例，在各自的责任限额内进行赔付。新能源汽车第三者责任险主险赔款与附加自用充电桩责任险附加险赔款的总和以这两个险别责任限额之和为限。当同一被保险人的新能源汽车和充电桩连接使用时，如能认定由新能源汽车或充电桩单独发生保险事故，在各自责任险下赔付。

图 4-3-29 新能源汽车与充电桩连接事故

当非同一被保险人的新能源汽车和充电桩连接使用时不可视为一体，发生保险事故时，应按照各自的事故责任比例承担赔偿责任。

被保险新能源汽车未投保机动车交通事故责任强制保险或机动车交通事故责任强制保险合同已经失效的，视同其投保了机动车交通事故责任强制保险进行计算。

保险期间内，被保险人或其允许的驾驶人在使用被保险新能源汽车过程中，造成被保险人或驾驶人的家庭成员（配偶、父母、子女和其他共同生活的近亲属）人身伤亡的，属于第三者责任险的赔偿责任，但被保险人、驾驶人及家庭成员为本车上人员的除外。

当同一被保险人的新能源汽车和充电桩连接使用时共同发生保险事故，各险别的赔付顺序为：新能源汽车第三者责任险与附加自用充电桩责任险为第一顺序，附加法定节假日限额翻倍险为第二顺序。各险别赔偿限额累计计算。

当被保险新能源汽车单独发生保险事故（未与充电桩连接使用）时，各险别的赔付顺序为：新能源汽车第三者责任险为第一顺序，附加法定节假日限额翻倍险为第二顺序。各险别赔偿限额累计计算。

（3）新能源汽车车上人员责任险赔款计算

❶ 每次事故每座受害人的赔款分别计算，最高不超过每次事故每座受害人的赔偿限额。

对每座的受害人，当（依合同约定核定的每座车上人员人身伤亡损失金

额－应由机动车交通事故责任强制保险赔偿的金额）×事故责任比例≥每次事故每座赔偿限额时

每次事故每座受害人赔款＝每次事故每座赔偿限额×（1－绝对免赔率）

对每座的受害人，当（依合同约定核定的每座车上人员人身伤亡损失金额－应由机动车交通事故责任强制保险赔偿的金额）×事故责任比例≤每次事故每座赔偿限额时

每次事故每座受害人赔款＝（依合同约定核定的每座车上人员人身伤亡损失金额－应由机动车交通事故责任强制保险赔偿的金额）×事故责任比例×（1－绝对免赔率）

❷ 每次事故赔款金额等于每次事故每座受害人赔款之和。

“应由机动车交通事故责任强制保险赔偿的金额”等于每座受伤人员通过除本车外其他肇事车辆交强险得到的赔款之和。当乘客受害人数超过承保的乘客座位数时，应以投保的座位数为限。

（4）附加险

❶ 绝对免赔率特约条款赔款计算。投保时选择本特约条款，对应主险的赔款计算中的“绝对免赔率”根据本条款的约定进行计算。本特约条款下不单独计算赔款。

❷ 车轮单独损失险。当（依合同约定核定的车轮损失金额－应由机动车交通事故责任强制保险赔偿的金额）×事故责任比例的计算结果＞本附加险保险金额时

赔款＝保险金额

当（依合同约定核定的车轮损失金额－应由机动车交通事故责任强制保险赔偿的金额）×事故责任比例的计算结果＜本附加险保险金额时

赔款＝（合同约定核定的车轮损失金额－应由机动车交通事故责任强制保险赔偿的金额）×事故责任比例

赔偿后，批减本附加险保险合同中协商确定的保险金额。车轮单独损失险的保险金额为累计计算，定损、理算赔付时以保单剩余的保险金额为限。

需要关注前期已赔偿的车轮损失险赔款有无批减。在保险期间内，累计赔款金额达到保险金额，本附加险保险责任终止。当涉及代位求偿方式的情形时，参照车损赔款计算方法计算赔偿金额及追偿金额。

❸ 新增设备损失险赔款计算。本附加险每次赔偿的免赔约定以新能源汽车损失保险条款约定为准。

当新增设备“实际修复费用”≥新增设备损失险保险金额时

赔款 = 保险金额 − 被保险人已从第三方获得的赔偿金额

当新增设备“实际修复费用”<新增设备损失险保险金额时

赔款 = 实际修复费用 − 被保险人已从第三方获得的赔偿金额

❹ 车身划痕损失险赔款计算。在保险金额内按实际修复费用计算赔偿。

当“实际修复费用”等于或大于本附加险的保险金额时

赔款 = 保险金额

当“实际修复费用”小于本附加险的保险金额时

赔款 = 实际修复费用

赔偿后，批减本附加险保险合同中协商确定的保险金额。划痕险的保险金额为累计计算，定损、理算赔付时以保单剩余的保险金额为限。

❺ 修理期间费用补偿险赔款计算。

车辆全部损失

赔款 = 日补偿金额 × 保险合同中约定的最高补偿天数

车辆部分损失：在计算补偿天数时，首先比较约定修理天数和从送修之日起至修复之日止的实际修理天数，两者以短者为准。

补偿天数超过保险合同中约定的最高赔偿天数时

赔款 = 日补偿金额 × 保险合同中约定的最高补偿天数

补偿天数未超过保险合同中约定的最高赔偿天数时

赔款 = 日补偿金额 × 补偿天数

赔付后，批减本附加险保险合同中约定的最高补偿天数。

❻ 车上货物（图4-3-30）责任险赔款计算

当（依合同约定核定的车上货物损失金额 − 交强险对车上货物赔款）× 事故责任比例>责任限额时

赔款 = 责任限额

当（依合同约定核定的车上货物损失金额 − 交强险对车上货物赔款）× 事故责任比例<责任限额时

赔款 =（依合同约定核定的车上货物损失金额 − 交强险对车上货物赔款）× 事故责任比例

❼ 精神损害抚慰金（图4-3-31）责任险赔款计算。本附加险赔偿金额依据人民法院的判决及保险合同约定在保险单载明的赔偿限额内计算赔偿。

法院生效判决及保险合同约定的应由被保险人或其允许的驾驶人承担的精

神损害赔偿责任，在扣除交强险对精神损害的赔款后，未超过责任限额时

赔款 = 应由被保险人承担的精神损害赔偿责任 − 交强险对精神损失的赔款

法院生效判决及保险合同约定的应由被保险人或其允许的驾驶人承担的精神损害赔偿责任在扣除交强险对精神损害的赔款后，超过约定的每次事故责任限额或每次事故每人责任限额时

赔款 = 责任限额

图 4-3-30　车上货物

图 4-3-31　精神损害抚慰金

❽ 法定节假日限额翻倍险。投保了新能源汽车第三者责任保险的家庭自用汽车，可投保本附加险。投保了本附加险的车辆，当保险事故出险日期属于全国性法定节假日时，且第三者责任险赔款达到或超过主险限额时，本附加险单独计算赔款。

当被保险新能源汽车单独发生保险事故（未与充电桩连接使用）时

赔款 = 每次事故主险赔偿限额

当（依合同约定核定的第三者损失金额 − 机动车交通事故责任强制保险的分项赔偿限额）× 事故责任比例 ≥ 2 倍每次事故主险赔偿限额时

赔款 = 每次事故主险赔偿限额

当（依合同约定核定的第三者损失金额 − 机动车交通事故责任强制保险的分项赔偿限额）× 事故责任比例 < 2 倍每次事故主险赔偿限额且大于或等于主险每次事故赔偿限额时

赔款 =（依合同约定核定的第三者损失金额 − 机动车交通事故责任强制保险的分项赔偿限额）× 事故责任比例 − 每次事故主险赔偿限额

当（依合同约定核定的第三者损失金额 − 机动车交通事故责任强制保险的分项赔偿限额）× 事故责任比例＜每次主险事故赔偿限额时

赔款 = 0

当同一被保险人的新能源汽车和充电桩连接使用共同发生保险事故时，根据共同的责任比例承担赔偿责任。

当（依合同约定核定的第三者损失金额 − 机动车交通事故责任强制保险的分项赔偿限额）× 事故责任比例 − 附加自用充电桩责任保险责任限额≥2 倍每次事故主险赔偿限额时

赔款 = 每次事故主险赔偿限额

当（依合同约定核定的第三者损失金额 − 机动车交通事故责任强制保险的分项赔偿限额）× 事故责任比例 − 附加自用充电桩责任保险责任限额＜2 倍每次事故主险赔偿限额且大于或等于主险每次事故赔偿限额时

赔款 =（依合同约定核定的第三者损失金额 − 机动车交通事故责任强制保险的分项赔偿限额）× 事故责任比例 − 附加自用充电桩责任保险责任限额 − 每次事故主险赔偿限额

当（依合同约定核定的第三者损失金额 − 机动车交通事故责任强制保险的分项赔偿限额）× 事故责任比例 − 附加自用充电桩责任保险责任限额＜每次主险事故赔偿限额时

赔款 = 0

⑨ 医保外医疗费用责任险。投保时选择本附加险，分别对应第三者责任险、车上人员责任险的附加险赔偿限额。

对于主险医疗费中超出医保范围的费用，在本附加险计算赔付，最高不超过附加险的赔偿限额。

核定的医保外医疗费用 × 事故责任比例超过附加险限额时

赔款 = 附加险赔偿限额

核定的医保外医疗费用 × 事故责任比例在附加险限额内时

赔款 = 核定的医保外医疗费用 × 事故责任比例

⑩ 外部电网故障损失险。投保时选择本附加险，因外部电网故障，导致被保险新能源汽车的直接损失及施救费用，参照主险新能源汽车损失保险的赔款计算方法，在本附加险中进行赔偿。

⑪ 自用充电桩损失保险。在保险金额内按实际修复费用计算赔偿。

当“实际修复费用 − 被保险人已从第三方获得的赔偿金额”＞本附加险的保险金额时

$$赔款 = 保险金额$$

当“实际修复费用 − 被保险人已从第三方获得的赔偿金额”＜本附加险的保险金额时

$$赔款 = 实际修复费用 − 被保险人已从第三方获得的赔偿金额$$

赔偿后，批减本附加险保险合同中协商确定的保险金额。本附加险的保险金额为累计计算，定损、理算赔付时以保单剩余的保险金额为限。

⑫ 自用充电桩责任保险。当依合同约定核定的第三者损失金额 × 事故责任比例≥本附加险责任限额时

$$赔款 = 责任限额$$

当依合同约定核定的第三者损失金额 × 事故责任比例＜本附加险责任限额时

$$赔款 = 依合同约定核定的第三者损失金额 × 事故责任比例$$

当同一被保险人的新能源汽车和充电桩连接使用时共同发生保险事故，造成第三者损失的，按照新能源汽车第三者责任险与附加自用电桩责任保险的限额比例，在各自的责任限额内进行赔付。新能源汽车第三者责任险主险赔款与附加自用充电桩责任险附加险赔款的赔款总和以这两个险别责任限额之和为限。

当同一被保险人的新能源汽车和充电桩连接使用时，如能认定由新能源汽车或充电桩单独发生保险事故，在各自责任险下赔付。

当非同一被保险人的新能源汽车和充电桩连接使用时，不可视为一体，发生保险事故时，应按照各自的事故责任比例承担赔偿责任。

⑬ 新能源汽车增值服务特约条款。赔款为与增值服务供应商结算的实际服务费用。

（5）驾乘人员意外伤害保险

❶ 驾乘人员意外伤害保险总赔款计算。

$$意外伤害医疗赔款 = 依合同约定核定的医疗费金额 − 已从其他途径获得的补偿金额$$

意外伤害医疗保险金额为累计计算，定损、理算赔付时以保单剩余的保险金额为限。

$$意外残疾赔款 = 意外伤害保险金额 × 核定残疾给付比例$$

$$意外身故赔款 = 意外伤害保险金额$$

意外伤害保险金额为累计计算，意外残疾赔款与意外身故赔款累计以保单

剩余的保险金额为限。

被保险人如在本次保险事故之前已有伤残，保险人按合并后的伤残程度在《人体损伤致残程度分级》中所对应的致残率比例给付伤残保险金，但应扣除原有伤残程度在《人体损伤致残程度分级》所对应的致残率比例给付伤残保险金。

❷ 附加住院津贴保险。

赔款 = 住院天数 × 约定的住院津贴日额

保单累计赔偿的天数以条款约定的给付天数为限。

❸ 附加医保外医疗费用补偿险。

赔款 = 核定的医保外医疗费用 − 已从其他途径获得的医保外医疗费用补偿金额

同时承保驾乘人员意外伤害保险与新能源汽车车上人员责任保险时，应按照以下四项原则进行赔付：

a. 充分保护客户消费者权益的原则；

b. 尊重客户索赔选择的原则；

c. 充分体现保险保障的原则；

d. 简化理赔流程做好服务的原则。

医疗费用原则上先在驾乘意外险医疗保险责任内进行赔付。

被保险人身故前保险人已给付伤残保险金的，身故保险金应扣除已给付的伤残保险金。

4.3.9 核赔

❶ 自动核赔：对于案情简单、责任明确的同质性较高的小额简易案件可以自动核赔。

❷ 人工核赔（图4-3-32）：应根据赔案性质、金额的不同，设置不同的赔案审核流程和分级审核权限，实现资源的合理化配置。在能够有效防范和控制内、外部风险的前提下，审核流程应尽可能简化。

图 4-3-32 人工核赔

4.3.10 拒赔案件

被保险人或受益人因保险标的发生事故而遭受损失，提出赔偿或者给付保险金的请求，根据保险合同和相关法律法规规定，经过理赔调查取得证据，经审核，明确不属于保险责任约定范围或属于责任免除的情形（图4-3-33）。

4.3.11 赔款支付

保险公司应严格按照《保险法》的时效要求支付赔款（图4-3-34）。保险公司应严格管控代领保险赔款风险，严格管控资金支付风险，严格遵守中国人民银行关于反洗钱的相关规定。对于车损险代位求偿案件，保险公司应按照《机动车辆损失险代位求偿操作实务》《机动车辆损失险代位求偿保险公司间追偿与结算机制》规定，做好赔款支付和行业间代位求偿结算。

图 4-3-33 拒赔案件

图 4-3-34 赔款支付

4.3.12 结案归档

赔款支付后，保险公司应及时进行结案处理，结案分为自动结案和人工结案两种模式。

结案后应对赔案各种理赔单证做好存档管理。归档包括电子理赔单证归档和纸质理赔单证归档。

电子理赔单证归档：除客户提供的重要纸质证明材料需保留纸质材料外，其他理赔单证包括保险公司理赔系统自有单证，在查勘定损或资料收集环节采用拍照，扫描等方式收集的单证，可将电子单证上传到车险理赔系统归档保存，可不再另行留存纸质材料归档。

纸质理赔单证归档：未进行电子化上传车险理赔系统或已上传车险理赔系统但按规定需要存档的纸质理赔单证资料，按照档案管理规定进行归档；可以不集中归档，在收集地归档、备查。

第5章

新能源汽车事故查勘与定损

本章配套视频名称	二维码页码
车险现场查勘的主要内容	P115
车险核损的原则	P136

5.1 保险理赔车险查勘

5.1.1 车辆查勘环节与注意事项

5.1.1.1 查勘准备

携带查勘资料及工具：目前保险报案基本都是无纸化办公，通过手机软件即可完成报案表等内容；照明设备、卷尺、照相机、雨衣、计算机、U盘等。

照相机使用规定：车险查勘定损拍照是理赔中重要的取证方式，通过拍照可以确认出险标的，反映受损财产的损坏程度，同时可以间接反映保险事故经过的信息，在车险赔案的核损、核价、核赔、赔案后审查等管控环节中具有不可替代的作用（图5-1-1）。车险查勘定损拍照对照片的要求是信息完整、图像清晰。在一个赔案中至少应包括以下照片：需要审验证件和证明的照片、车架号或VIN码等定型信息照片、带牌照的整车照片、受损部位照片、受损零部件的细节照片以及其他证明保险事故的单证照片和事故现场的查勘照片等。

现场一时无法确定的，可以打记号或贴易碎贴（图5-1-2），口头答应下次再确定损失。切不可在第一次定损时，在定损单或估价单中写“待定”字样。

图 5-1-1 车险查勘专用照相机

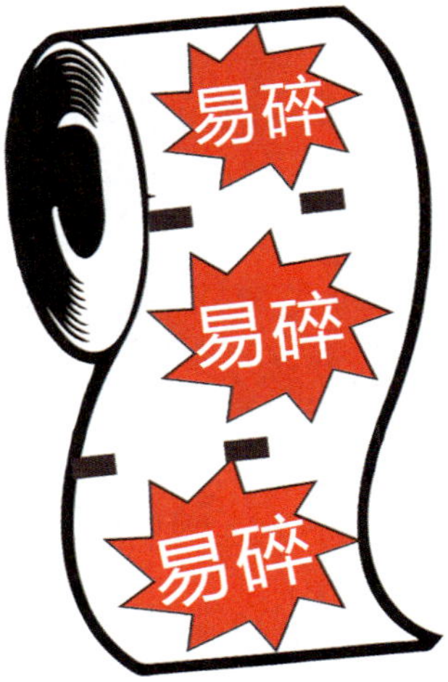

图 5-1-2 易碎贴

第二次定损时，用卷尺、仪器和设备，用拉对角线、新旧件对比等方式，对比有关参数，确定是否变形，而后更换（图5-1-3）。

图 5-1-3　现场定损参数测量

5.1.1.2　查勘内容

现场查勘的主要目的是查明事故真实性、车辆损失情况和帮助客户解除突发事件所带来的困扰。

（1）出险车辆情况

通过核对保单对出险车辆的型号、号牌、VIN码（车架号）是否相符，确认出险车辆是否与保单上标明的为同一辆车。对双方、多方事故现场，还需要再查看三者车的驾驶证、行驶证、保险单，主要是为了查明保单是否在投保期，以及驾驶证、行驶证是否合法有效。

（2）出险时间

查明车辆出险时间是否在保单的有效期内（图5-1-4），对于临近保单生效时间出险的案件，保险人要慎重，需要查明该车辆是否存在先出险、后投保的现象。

图 5-1-4　保单过期

（3）出险地点

到达现场后，需要观察出险车辆受损部位是否与现场碰撞痕迹相吻合，判断该现场是否是第一现场，有没有谎报出险地点、伪造事故现场（图5-1-5）、制造虚假保险事故等嫌疑。

图 5-1-5　伪造事故现场

（4）驾驶员资格

查勘员到达现场后需要向驾驶员详细询问事故经过，并对被保险人原始报案记录进行核对，审核驾驶证（图 5-1-6），查明现场驾驶员与出险当时车辆是否是同一驾驶员，有没有存在“调包”的现象；驾驶证准驾车型是否与出险车辆符合；对于驾驶员涉嫌无证驾驶、酒后驾车等严重违法行为，可立即协同交警进行酒精检测和调查取证。

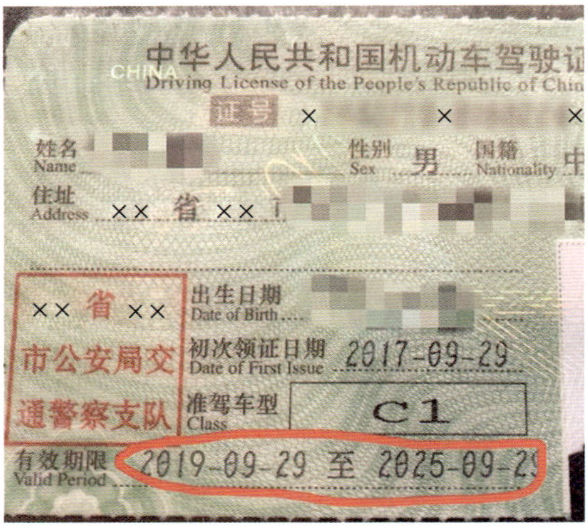

图 5-1-6　驾驶证审核

（5）出险原因

对现场痕迹反复查勘，走访目击证人，分析事故原因，判断出险车辆是否在保险责任范围内。车辆装载情况是否有违章行为，是否存在超重、超宽、超高或车辆技术状态不佳等问题。

交通事故的发生，是人（驾驶员）、车、路三方面因素共同作用的结果。因此在事故分析中，交通事故的发生原因显得尤为重要，是责任划分的重要依据。人（驾驶员）和车辆共同作用的因素主要表现如下。

❶ 随意变道（图5-1-7）。在多车道道路上行驶时，随意变道，可造成后车来不及采取措施而发生交通事故。

图 5-1-7　随意变道

❷ 未保持安全车距（图5-1-8）。行驶过程中距前车较近，前车遇紧急情况采取措施时，来不及采取措施或措施不能起到完全避让的作用而发生交通事故。

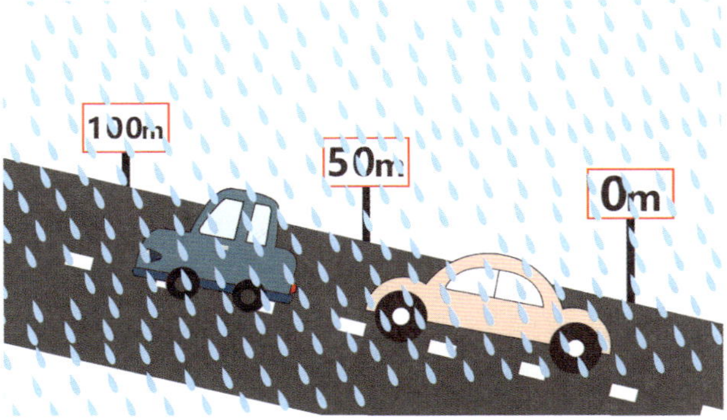

图 5-1-8　未保持安全车距

❸ 超速（图5-1-9）。超速行驶可造成紧急制动距离呈指数增加，大大增加危险性。

❹ 越线（图5-1-10）。越线行驶占压对方车道，极易与被占道车辆发生交通事故。

图 5-1-9　超速

图 5-1-10　越线

⑤超员（图5-1-11）、超载。超员虽然对事故的发生影响不是太大，但会加重事故后果；超载可造成车辆制动性能下降，稳定性变差，遇紧急危险情况时，制动距离增长，同时转向避让极易造成车辆侧翻。

图 5-1-11　超员

❻ 违法停车或者在高速公路上低速行驶（图 5-1-12）。在不能停车的路段因各种原因违法停车，同时不开启危险紧急示警灯、不按照规定放置反光器等，特别是在夜间，大大提高了被追尾碰撞的可能性。在高速公路上因爬坡、故障等低速行驶或停车，也往往会造成追尾事故。

图 5-1-12 高速公路上低速行驶

扫一扫
视频精讲

（6）对事故现场拍照

❶ 反映事故现场全貌的全景照片（以事故现场附近明显而静止的固定参照物作为背景，锁定事故地点）。

❷ 整车照片（反映受损车辆号牌）。

❸ 车架号码照片（锁定本车）。

❹ 损失部位特写照片（反映损失程度）。

❺ 碰撞痕迹照片（反映责任比例），据此判断肇事前车辆行驶速度及行驶路线。

车辆碰撞所遗留残碎的物体（例如：塑件碎片及灯具玻璃碎片等），根据刹车痕迹及遗留的残碎物体，确认和判断车辆瞬间碰撞第一接触点。

❻ 物证照片等。拍摄内容应与现场查勘记录的记载相一致。

（7）向被保险人发放齐全相关单证

包括：索赔申请书及索赔须知、赔付协议书和赔款收据等。需明确告知客户索赔提供主要单证材料目标、索赔手续流程，并指导客户填写索赔申请书，详细描述出险经过。

（8）轻微事故

能够在现场确定损失金额的，应尽量争取在现场核定损失，可提高理赔效率，方便客户索赔。对于损失金额比较大的，需要对事故车辆进行拆检定损的，应与被保险人约定定损时间、定损地点（图 5-1-13）。

图 5-1-13 查勘现场定损

（9）对人伤案件

必须查明受伤人数、姓名、年龄、性别、工作单位（常住地）、联系方式；记录好受伤人员的详细情况（图5-1-14），入住医院及科室；及时将伤者的详细情况移交给医疗顾问进行医疗跟踪。重大事故，医疗顾问要一同查勘现场。

（10）货物损失、路产损失及其他财产损失

能够现场定损的，要尽量争取现场定损；对损失较大、无法现场定损的，要另行约定定损时间；对需要施救的货物，应协助客户联系施救单位和货物存放地点，并商定后续定损事宜。

（11）做好询问记录

对出险时间、出险原因有疑问的事故、重大复杂事故、火灾事故、老旧车辆涉及全损事故，要走访现场目击证人或知情人，弄清事实真相，做好相关人员的询问记录（图5-1-15），并由被询问人过目签字（所有涉及事故的记录都必须有当事人签字确认）。

图 5-1-14 人员受伤

图 5-1-15 询问记录

5.1.2 新能源汽车查勘要点

新能源汽车的结构与传统燃油车相比有着比较大的差异，从查勘角度来看，主要是车辆高压部分的差异和配件价值的差异而造成查勘侧重点和注意事项不同。新能源汽车存在高压电，动力电池电压普遍在300V以上，就意味着在车辆出现事故以后，尤其在损失较严重的情况下，车辆高压系统可能受外力撞击或涉水等造成高压线束或高压电池破损，有存在安全风险的情况。新能源汽车结构不同，动力电池的安装位置不同，价格较贵，也使得事故中易出现难以判定的损失。也就要求新能源汽车的查勘应当有清晰的流程，对查勘人员的技能要求也比较高。

查勘人员在收到车辆报案信息之后，可以通过代抄单信息来了解要查勘车辆的基本情况和损失。可以根据代抄单信息中的车辆牌照号（图5-1-16）、车辆厂牌型号（如特斯拉、小鹏、理想、蔚来等）预先了解车辆是否为新能源汽车。很多新能源汽车后部往往有代表新能源的EV、HEV等明显标志，也可以据此辨别车辆是否为新能源汽车。

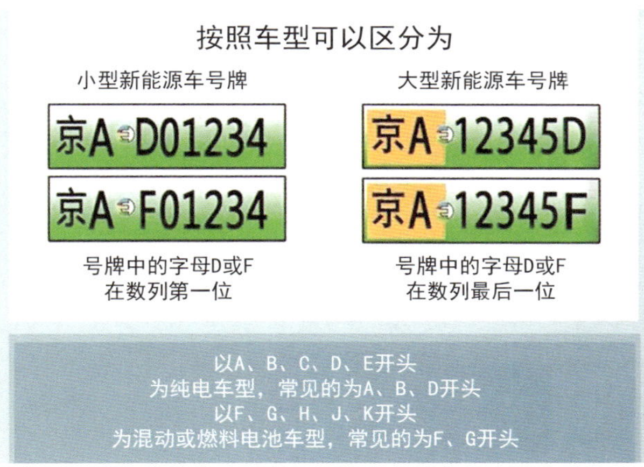

图 5-1-16　新能源汽车车牌分类

5.1.2.1 掌握基本事故信息

查勘人员在通过调度及收到报案信息，并且确认车辆为新能源汽车型后，应及时地联系客户来初步确认并且判断车辆事故程度及车辆基本状态（图5-1-17），对之后的现场查勘做好准备工作。

在与客户的联系过程中，主要对以下几点做好了解，才能在查勘过程中保证自身安全并且确定好损失。

❶ 了解车辆基本事故状态，水淹、碰撞还是拖底，有无明显动力电池包或高压系统电器损失。

图 5-1-17 掌握基本事故信息

❷ 了解新能源汽车的基本状态，如车辆能否继续行驶等。

❸ 了解车辆仪表是否有故障提示。

❹ 了解车辆电池包是否有明显损失，有无漏液、破损等。

❺ 了解是否存在人员伤亡事故。

5.1.2.2 携带必备及常用新能源查勘防护工具

由于新能源汽车存在高压电，尤其事故车辆更是存在隐患，需要携带新能源汽车必备及常用查勘安全防护及检测工具。

（1）高压警示标志

在查勘现场事故车辆旁应放置高压警示标志（图5-1-18），提醒他人车辆故障存在高压安全隐患，不得触摸。

（2）警示围挡

警示围挡（图5-1-19）可有效地提示其他人员勿进入事故现，建议查勘人员在出事故现场时携带便携式围挡，将车辆故障部位处进行围挡，防止人身安全事故的发生。

图 5-1-18 高压警示标志

图 5-1-19 警示围挡

（3）绝缘鞋

如果现场需要触碰事故车辆，需要穿绝缘鞋（图5-1-20），戴绝缘手套，防止误操作或车辆高压系统漏电而引起触电等人身安全事故。使用前需检查绝缘鞋是否有损坏，目视检查绝缘鞋有无金属片钉子、磨损或其他鞋底问题。

（4）绝缘工具

绝缘工具需要耐压1000V以上，使用前检查绝缘部分不能有破损或损坏。建议查勘常备部分常用绝缘工具，如拆卸12V蓄电池正负极绝缘套筒或扳手等。在遇到有高压系统损坏的部件需要应急拆卸或检查时，需要用到绝缘工具，拆卸高压系统部件必须使用绝缘工具进行操作，并且要佩戴好绝缘防护工具（图5-1-21）。

图 5-1-20　绝缘鞋

图 5-1-21　绝缘工具

（5）绝缘防护手套

绝缘防护手套（图5-1-22）需要耐压1000V以上，在触碰车辆及受损位置时佩戴，在拆卸高压系统模块及电池包等高压操作时也需佩戴。

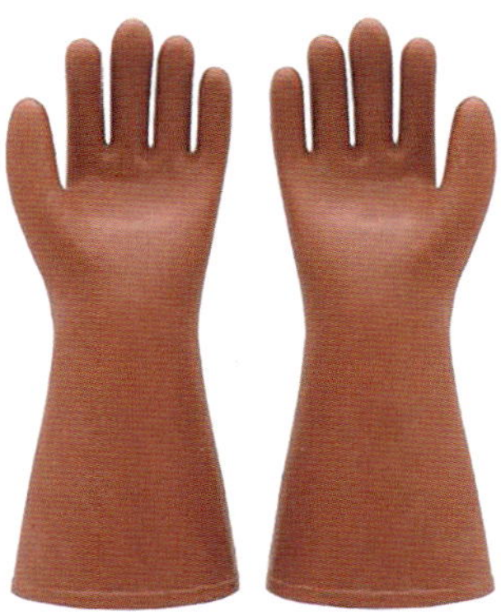

图 5-1-22　绝缘防护手套

（6）绝缘表

绝缘表（图5-1-23）用于测量车辆高压部分的绝缘阻值。对于车辆底部拖底严重、有明显的漏液情况的电池包或进水的事故车辆，都有可能出现绝缘值降低或漏电等情况，需要使用绝缘表检测车辆绝缘值是否良好。

（7）万用表

万用表（图5-1-24）可以测量车辆直流、交流电压及电阻等数据。查勘新能源汽车时，可用万用表测量事故车辆是否存在漏电等情况。

图 5-1-23　绝缘表

图 5-1-24　万用表

5.1.2.3　新能源汽车现场查勘操作要求及流程

当查勘人员确认好被查勘车辆为新能源汽车，且到达事故现场后，除需要按照查勘基本要求查验车辆基本信息是否属于承保标的、是否存在三者损失、出险车辆与现场是否吻合、相关的驾驶证、行驶证相关信息是否准确等之外，还要对车辆的事故基本情况进行判断。

如果车辆出现特殊情况，如新能源汽车电池部位或高压部位因短路出现冒烟、起火等现象，或车辆周围有明显的电池或高压部件短路而引起焦煳味道时，说明该新能源汽车非常危险，存在漏电或起火自燃等风险，此时切勿靠近车辆，并提醒客户和其他人员远离车辆，并立即拨打火警（119）电话。

若车辆未出现上述较危险情况，则可以按照新能源汽车查勘流程进行。现场查勘工作可参照以下基本流程进行。

❶ 首先在车辆周围设置警示标志和围挡。

❷ 对车辆进行外观检查，初步判断车辆损坏部位及是否存在高压部件受损。

❸ 使用试电笔或绝缘表检查车辆损坏部位是否带电。

❹ 在确认安全的状况下，对车辆仪表盘信息进行检查。一般新能源汽车仪表或中控屏会显示车辆高压基本数据或故障信息，如车辆电池剩余电量或车辆剩余行驶里程、电池总电压、运行电流、高压故障灯等信息，需要在第一现场拍照留存。

❺ 查勘完毕后，尤其是存在高压故障或高压部件受损的新能源汽车，要

及时拆解12V蓄电池，条件允许的情况下，要拆解动力电池高压维修开关。

⑥ 按查勘要求拍照记录车辆其他受损位置及痕迹信息。

⑦ 协助施救人员将车辆拖至维修单位。

5.1.2.4 新能源汽车碰撞事故的现场查勘

根据新能源汽车的高压结构特点，一般的前后碰撞受损事故可能除了有常规件损失之外，也容易有部分高压配件损失，如充电机、PEU充电口、电机控制器、动力电池等（图5-1-25）。

对于碰撞事故，在查勘现场时应该着重注意以下事项。

图 5-1-25 新能源汽车碰撞事故

① 在车辆周围设置好警示标识和围挡。

② 环顾车辆，检查受损部位，注意车辆是否有特殊焦煳气味等。

③ 拍摄受损位置及易损部位配件照片。

④ 目视检查车辆高压部件受损情况，必要时佩戴安全防护工具，测量受损位置绝缘是否正常、是否存在损坏漏电等情形。

⑤ 检查车辆仪表盘信息，拍摄仪表照片，重点检查仪表是否显示车辆电池剩余电量或续航里程、高压故障灯是否点亮、其他故障灯是否点亮。

⑥ 部分车辆充电口位于车辆前中标或附近的位置，此时前部碰撞易造成车辆充电口损坏或变形。

⑦ 若检查后车辆不能行驶，或存在高压风险影响人身与车辆安全时，需要第一时间断开12V蓄电池负极，到店后第一时间断开车辆高压动力电池维修开关。

5.1.2.5 新能源汽车拖底事故的现场查勘

在新能源汽车的拖底事故中，尤其是纯电型新能源汽车，动力电池的安装位置都是在车辆底部。拖底主要损伤的部件就是动力电池包，而且电池包的配件价值高，事故中的赔付率高，风险较大，所以在拖底事故中对电池损伤事故的查勘是非常关键的（图5-1-26）。

图 5-1-26 新能源汽车拖底事故

具体流程如下。

① 到达现场后，首先在车辆周围设置警示标识和围挡。

② 目视观察动力电池包外观，也可根

据现场碰撞物或拖底痕迹综合判断电池包损伤程度。若电池包存在明显漏液、冒烟或有明显刺激性气味时，需及时远离车辆，提醒他人请勿靠近，并及时拨打火警电话。

❸检查仪表盘能否正常显示电池基本信息、高压故障灯是否点亮、其他故障灯如车身故障灯等是否点亮，并且第一时间使用专用检查设备（如AIC新能源智能检测设备）对车辆进行全车诊断。

❹若目视电池变形明显，且仪表提示电池故障，不应继续驾驶车辆，要及时断开动力电池12V负极电源，有条件的可断开动力电池高压维修开关。

❺检查其他位置，如动力电池高低压接口和高压线束有无拖底破损等。

5.1.2.6 新能源汽车水淹事故现场的查勘

根据新能源汽车结构特点与高压部件或动力电池安装位置等，在雨季尤其是强降水或易发生城市内涝的地区，对新能源汽车的水淹查勘则需要更加重视（图5-1-27）。一个是水淹车可能会发生漏电风险，要注意查勘人身安全；另一个是要对水淹新能源汽车通过查勘基本判定损失。具体流程如下。

图 5-1-27 水淹车

❶水淹车现场查勘，要佩戴绝缘防护工具（戴绝缘手套，穿戴绝缘鞋）。

❷观察车辆有无电池冒烟和焦煳气味。

❸在车辆周围设置警示标识和围挡。

❹测量车辆进水高度、拍摄车身水位线痕迹。

❺确认水淹时间和水质情况。

❻检查车辆仪表台信息，对于三级及以上（没座椅及挡杆以上）水淹高度的车辆，建议由专业机构人员协助检查，检查仪表台基本信息、电池剩余电量或剩余续航里程、高压故障灯是否点亮。

❼及时断开12V负极电源和高压维修开关。

❽车辆拖车时要使用板车托运，不可使用直接拖拽的方式，否则容易损坏驱动电机及控制器。

5.1.2.7 火灾事故的查勘

对于新能源汽车火灾事故（图5-1-28）的查勘，查勘前应先查明出险车辆是否投保自燃损失险，是否构成保险责任，到达事故现场可通过询问车主起火原因、观察车辆损失状态和起火部位等判断车辆损失和保险责任。

图 5-1-28 车辆起火

新能源汽车动力电池起火，用传统办法很难灭火。因为动力电池起火属于化学反应，再者动力电池的安装位置在车辆底部，动力电池上盖也有部分阻燃作用，普通的灭火设备在起火前期很难精准覆盖到电池表面，所以新能源汽车电池起火使用灭火器灭火效果并不佳，比较有效的方法还是准备大量的水进行覆盖式阻燃，降低损失，但是一定要做好绝缘防护措施。新能源汽车起火的一般原因如下。

❶ 自燃：车自身高压系统或低压系统内部故障或短路、电池自身热失控等，车内存在易燃物，如火机、香水等。

❷ 引燃：外部火源导致车辆发生燃烧，如其他车辆自燃引燃本车。

❸ 碰撞（含拖底）：新能源汽车在碰撞后造成高、低压线路短路，动力蓄电池内部漏液发生热失控，导致起火。

❹ 雷击：恶劣雷雨天气，雷电产生的高压电流击穿汽车高、低压电器或易燃物引起燃烧。

❺ 充电时电池热失控发生起火。

由于新能源汽车存在高压，查勘时尤其要注意人身安全，应携带必要的查勘专用工具。

❶ 穿戴好防护工具，如绝缘手套、绝缘鞋、护目镜，尤其是火灾现场，新能源电池的燃烧比较剧烈，现场查勘时建议佩戴好护目镜。

❷ 检查车辆自燃损失情况，可多角度拍摄车辆自燃的位置及燃烧起火点。

❸ 设置好警示标识。现场放置高压危险警示标志和围挡，防止其他人员进入发生触电等安全事故。

❹ 查看车辆外观，根据起火状态判断燃烧位置；查看动力蓄电池是否冒烟、起火并及时对其状态进行拍照。

❺ 对于火势较重车辆，需详细拍摄损坏部件，为车辆损失评估做准备；若现场火势较重，应暂时远离车辆，并及时拨打火警电话救援，防止由于车辆自燃而引起其他物品损失扩大的情况。

❻ 对于火势轻微且未涉及动力蓄电池的车辆，灭火后及时将12V蓄电池

负极及检修开关断开，并等待15min以上。

❼ 灭火后，索要起火原因证明。

❽ 因起火事故的特殊性，可在灭火后补充查验车辆信息及驾驶人信息。

❾ 根据需要协助施救车辆进行拖车。

5.1.2.8 盗抢案件的查勘

对于盗抢险案件（图5-1-29），要第一时间复勘现场，对当事人进行询问调查并做好询问笔录，进行现场拍照，走访、调查现场有关人员，调查车辆停放、保管、被盗抢的情况，做好询问笔录，关注出险驾驶员与被保险人的关系、保险车辆丢失或被抢的详细经过，特别注意了解车辆被盗前的使用及停放情况。

图 5-1-29 车辆被盗

对车辆在停车场被盗的，取证停车记录及停车场看车人员的有关书面材料。特别注意停车场收费情况，要求客户提供停车收费凭证，如该地点有人看管收费，请客户协助要求保安、管理人员或物业出具相关证明并写明收费看管情况，为车辆丢失后追偿提供依据。

在保险车辆被盗抢3个月后，应及时了解被盗抢车辆的侦破情况。根据现场查勘及案件调查情况和车辆实际使用年限，计算保险标的现有价值，及时在网上车险理赔系统内完成损失核定，将调查取证资料及时上传。

5.2 新能源汽车事故的定损流程

5.2.1 定损流程及注意事项

5.2.1.1 定损流程

❶ 报警。保险公司的查勘人员需要从事故现场来判定事故责任归属的

（图 5-2-1）。

图 5-2-1　现场查勘

❷递交资料。当被保险人事故处理完毕后，10日内将索赔所需资料交于保险公司。包括交通事故责任认定书、调解书、判决书和修理发票、医疗费发票、病例、误工费证明、被保人身份情况以及保单、身份证复印件、行驶证复印件、驾驶员驾照复印件等资料提交给保险公司（图 5-2-2），由保险公司计算理赔。

❸领取保险赔款。领款人同样需要携带相关证件，包括保单正本，被保险人身份证或户口本原件，如需委托他人代领，带领人需要携带身份证以及被保险人出具的《领取赔款授权书》（图 5-2-3）。赔款的最长有效期为事故报案当日起2年内。

图 5-2-2　上交清单

图 5-2-3　提交资料

❹对车辆进行定损由当地的4S店或者具备保险公司授权的维修服务站与保险公司人员共同进行，通常将车辆所需维修的零配件进行拍照、维修清单报价后上传至指定的保险公司网站，待审核通过后（图 5-2-4），方可维修。

❺个人财产的定损由现场查勘人员拍照并附价值说明上传后台审核；公共

财产定损，由交警部门出具财产损失清单证明，送至保险部门办理（图5-2-5）。

5-2-4　定损审核

图 5-2-5　财产损失清单证明

❻关于伤者医疗费用，由医院的诊断证明（图5-2-6）与事故责任证明及费用清单一起上传保险部门核定，一般情况下也可要求保险公司提前垫付。

图 5-2-6　医院诊断证明

5.2.1.2　定损原则

（1）修换原则（图5-2-7）

❶既不影响使用性能又不影响外观质量，且利用简单工艺即可恢复的，应以修复为主；二类以上维修企业技术水平无法修复或在工艺上无法保证修后质量的，应更换。

❷当配件修复费用超过或等于该配件更换费用时，应更换。

❸所有更换件定损规格不得高于原车事故前装配的品牌、规格。

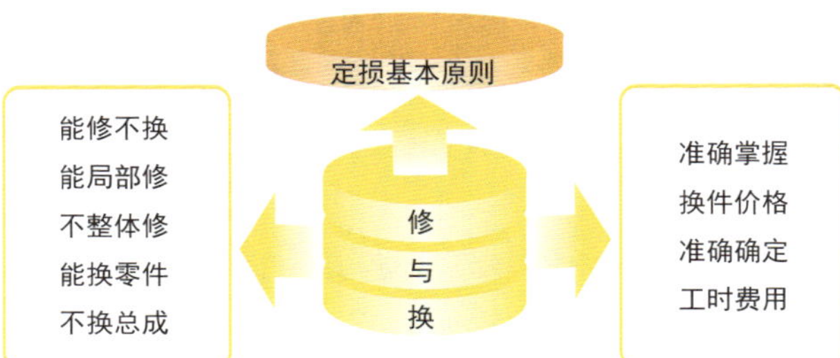

图 5-2-7　定损基本原则

❹车身件损伤修换原则（图 5-2-8）。

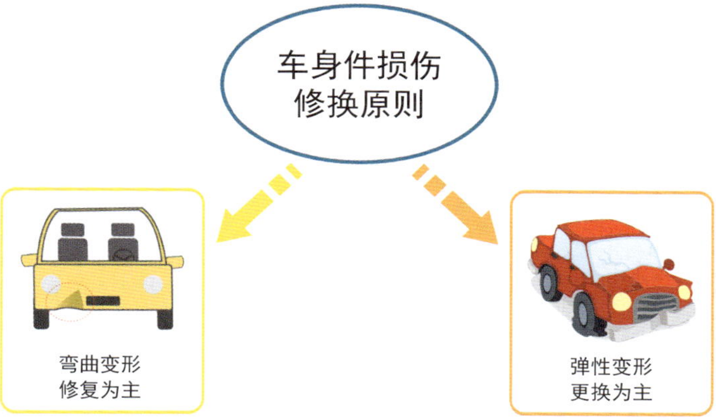

图 5-2-8　车身件损伤修换原则

❺塑料件修换原则（图 5-2-9）。

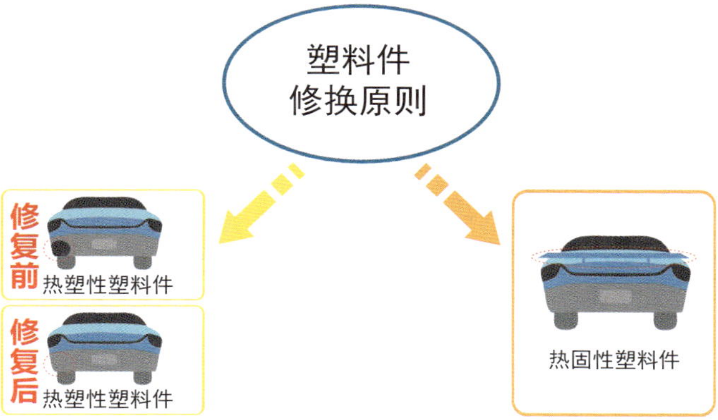

图 5-2-9　塑料件修换原则

❻机械配件修换原则（图 5-2-10）。

（2）定损标准

❶维修方案确定：根据损失程度确定维修方案，如符合包干定损或推定全损标准，根据公司推定全损案件流程进行处理，不符合标准的案件按一般流程进行拆解定损。

❷价格方案确定（图 5-2-11）：维修单位为专属品牌服务站，按服务站价格定损；非专属品牌服务站及一般修理厂维修，按市场价格进行定损。

❸损失项目确认：根据车辆损失照片拍摄顺序，依据先外观后内部、先前部后后部的原则逐项拆解定损。

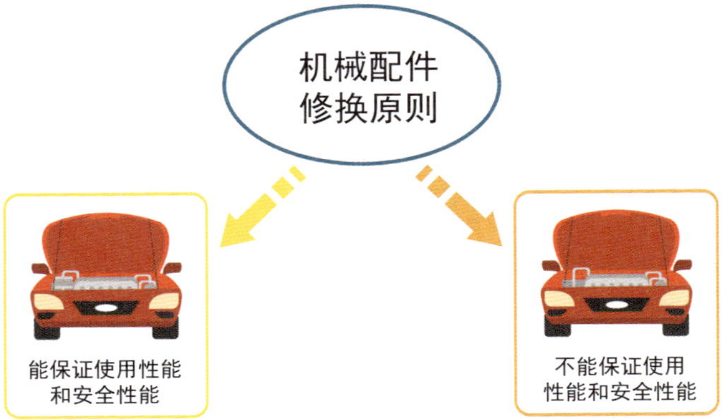

图 5-2-10　机械配件修换原则

图 5-2-11　价格方案确定

5.2.2　新能源汽车动力电池定损

新能源汽车动力电池的维修方式主要有以下几种：动力电池包返回厂家维修、厂家技术人员到店检测维修、厂家委托授权单位进行修复和委托专业机构进行检测修复。

5.2.2.1　新能源动力电池拖底事故损失的定损

受损的新能源汽车，动力电池包安装于车辆底部。

（1）确认车辆损失

车辆进入承修厂维修工位后，应首先检查车辆是否断电。车辆举升后检查拖底位置有无破损、漏液等明显受损情况（图 5-2-12）。在举升车辆之前除断掉12V低压蓄电池电源接线之外，还应确认车辆动力电池是否安装外置动力电池高压维修开关。如果有，需要检查并断开车辆维修开关后再对事故车辆进行举升检查作业。

举升车辆之后，定损人员及技术人员应佩戴高压防护工具，查看动力电池受损部位情况，如果车辆动力电池有明显漏液，出现刺激性气味或有烟雾出现，则说明车辆动力电池已经发生热失控现象，有自燃、爆炸风险，应立即停止定损工作，即刻准备灭火器材并拨打火警电话。

（2）确认动力电池损失（图5-2-13）

若动力电池无漏液、穿刺、刺激性气味等异常情况，可以观察动力电池的受损具体位置，并且观察动力电池下箱体有无明显裂痕、破损等比较直观受损的情况。可以对拖底损失做出基本判断，是轻微刮擦、明显变形，还是电池已经出现破损。如果目测动力电池有明显变形痕迹或凹陷痕迹，则可以使用深度尺测量动力电池受损部位的凹陷度。

图 5-2-12　举升车辆并查看动力电池受损部位情况

图 5-2-13　确认动力电池损失

使用测量尺进行测量时，需要佩戴绝缘手套。动力电池在受损后如有内部模组受到挤压、变形，可能会导致动力电池的绝缘性下降，甚至会导致漏电的风险，所以在进行测量变形深度工作时，必须佩戴好绝缘手套，穿戴好绝缘鞋，保护人身安全，防止触电等意外事故的发生。

（3）动力电池包的损伤程度及修换参考

对于新能源汽车动力电池拖底事故，以及动力电池的安装位置等特点，根据拖底碰撞程度不同，可以将电池的受损程度分为几种损伤的类型，并且可根据损伤类型的不同给出不同的维修方案，防止在车辆维修过程当中出现过度维修以及损失扩大的情况。

❶ 动力电池轻微划痕。轻微划痕的定义是动力电池下箱体仅受到轻微的划痕或者装甲涂层轻微受损，并未实质影响到动力电池的使用安全、性能、防

水效果和各项参数等。目测没有明显破裂、没有明显变形，可以在佩戴好绝缘手套的情况下，使用深度尺测量受损位置的变形深度。如无变形，则不会造成模组损坏，可判断内部的模组及其他附件不会受到影响。

可以对电池壳体进行修复，重新喷涂防护涂层，做防锈处理。

❷ 动力电池轻微变形（图5-2-14）。判断动力电池的轻微变形，可以在电池包受损部位进行目测观察，观察电池下箱体是否有明显变形，是否有明显穿刺、破损的情况，如果动力电池下箱体目测可见变形，未见明显破损、漏液的情况，可以在佩戴防护工具的情况下测量变形深度。如变形深度在5mm以内，大概率不会直接造成电池模组的损失。因为电池模组都留有散热水冷板空间，部分电池包的下箱体是双层材质设计，可承受一定壳体变形。如变形深度在5mm以上，则需要拆检动力电池，检查模组及水冷系统是否受到挤压变形。

各家电池厂商及新能源汽车厂商对于不同车型的动力电池包的装配方式有所不同。普通组装形式的动力电池模组可拆卸，电池下箱体及水冷板等附件也可以进行单独更换。在电池包气密检测不通过的情况下可以更换下箱体的方式进行维修。如果电池模组和电池水冷系统、电池下箱体之间使用固体胶进行加固，电池模组和其他部分附件是无法进行单独拆卸和更换的，尤其在电池包下箱体受损、气密检测不通过的情况下，需要整体更换电池包。

❸ 动力电池严重损失及破裂的情况（图5-2-15）。当车辆拖底损失比较严重时，电池包下箱体通过目测观察存在较为明显变形及破损的情况，而且液体渗出，这种情况说明动力电池不仅壳体损坏，电池包内部绝缘性及气密性也受到影响，电池包内部的模组大概率出现严重损伤。

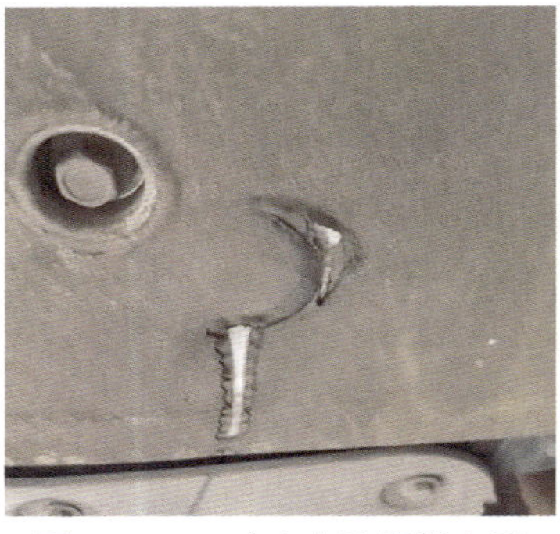

图 5-2-14　动力电池轻微变形

图 5-2-15　动力电池严重损失及破裂

对于此类电池包受损严重的情况，查勘定损人员应当首先确保安全，第一时间断开车辆的12V蓄电池负极电缆，断开动力电池的高压维修开关。在新能源专业维修场地对车辆和动力电池进行车、电分离，电池包要单独放置在安全区域，周围设置明显的警示标识。及时对电池包进行拆解，检查电池包内部的受损情况，检查电池水冷板是否破损，是否漏液，电池模组是否变形损坏，检查电池包水冷板无有破损或变形的情况，有无漏液的情况。

一旦发现动力电池出现严重变形、穿透、漏液的情况，要在专业场地及时检测并拆检动力电池包模组，进行防护处理，防止安全事故的发生。对于普通组装的电池包，可以进行单独拆检，并且可以单独更换受损配件。如涉及模组较多，也可通过更换电池总成或厂家置换等方式处理，如果电池组装形式为CTP模式组装，需要更换电池总成。

5.2.2.2 新能源汽车动力电池水淹事故损失的定损

动力电池具备防水等级为IP6、IP7级别的防水能力，短时间涉水行驶不会造成动力电池的进水损坏。现实情况中，导致动力电池包进水的因素很多，例如车辆是否有过拖底的事故，电池是否因长时间使用出现轻微变形、壳体氧化腐蚀，以上情况都可能导致动力电池包失去防水效果，对电池的涉水能力造成一定的影响。尤其是夏季暴雨导致的车辆水淹事故，如果水淹车辆比较集中，施救不及时，车辆浸泡时间过长，可能导致电池内部进水，造成电池模组和其他附件的损坏，甚至发生电池内部进水，造成短路，导致热控自燃等危险情况。在遇到新能源汽车动力电池的水淹事故时（图5-2-16），在确保安全的情况下进行车辆及电池的定损工作。

图 5-2-16　新能源汽车动力电池水淹事故

新能源汽车水淹车动力电池损失判定可以通过以下几个环节进行：

（1）检查车辆水淹高度

检查车辆水淹高度（图5-2-17），确定水淹时间，确认水质。对于车辆的动力电池，最可能进水的部位在高低压插头接口处、上下箱体密封处等，根据电池自身防水等级和进水时长来判断动力电池的进水可能性，也是可以参考的重要指标。

（2）检查动力电池外观

电池的安装位置、使用时长、有无拖底事故都会影响动力电池密封性能，定损时首先检查动力电池外观，有无明显破损、变形，冷却水管及高低压接口处有无破裂等影响电池密封的情况。检查项目：

图 5-2-17　检查车辆水淹高度

❶拔插高压线束插接口、低压通信接口，看有无进水痕迹、有无破损；

❷检查动力电池泄压阀功能是否正常及外观是否正常；

❸检查动力电池侧面及底部有无拖底变形痕迹；

❹检查上下箱体固定螺栓是否松动、缺失；

❺检查水冷接口是否变形；

❻检查动力电池水淹高度和水淹时长。

（3）动力电池气密性检测

对动力电池进行详细的外观检查之后，仍无法明确判断动力电池有无进水时，可对动力电池进行气密性检测，进一步判断电池包的水淹情况。如果气密性检测通过，说明电池包本身密封良好，结合密封插接件是否干燥、有无水迹情况，综合判断电池包是否进水。如果电池气密检测不通过，则说明动力电池密封不达标，长时间涉水，动力电池包进水概率较大，需要进行更详细的检查和检测。对动力电池进行气密性检测时，应当参考各电池厂家的气密参数。一般动力电池包气密充气压力为3 ~ 6kPa，水冷板气密压力为300kPa左右，具体以相应电池厂商参数为准。

5.2.3　新能源汽车充电口定损

目前常见的新能源汽车的充电口有两种，分别为快充和慢充（图5-2-18）。

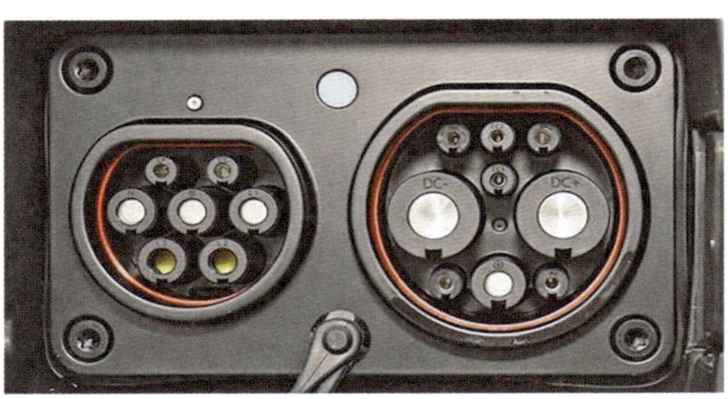

图 5-2-18　慢充口和快充口

在车辆追尾事故中，充电口容易受到碰撞损坏，成为保险事故中的易损件。由于新能源汽车的高压系统具有连贯性，维修更换充电口费用较高，定损中需要格外关注。

5.2.3.1　充电口的碰撞损失定损

（1）充电接口及线束受损

充电口内高压接口处出现碰撞断裂，必须更换充电口配件。充电口为高压接口，车辆充电过程中大电流流经充电接口，断裂部位会引起充电发热，甚至出现车辆自燃等安全隐患。充电口需要有一定的防水功能，如果断裂处损伤影响充电接口的防水功能，将对后续的使用造成隐患。

如果充电口后方的高压线束受（图5-2-19）到挤压变形或绝缘保护层发生破损部分断裂等，也需要更换处理。如果高压线束绝缘性出现问题，可能出现高压线束与车身之间发生短路漏电的情况，存在较大安全隐患。

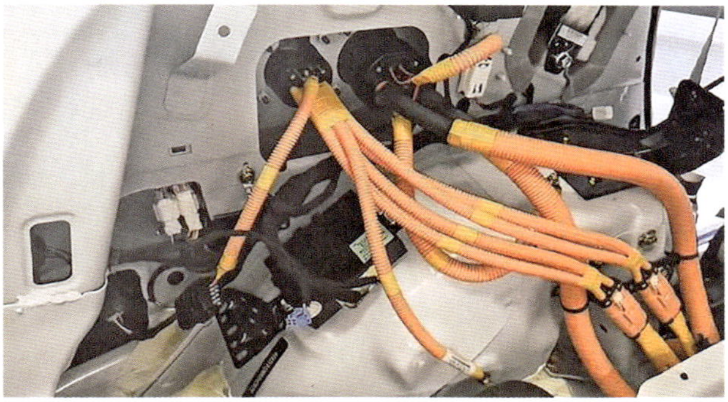

图 5-2-19　充电接口高压线束

（2）充电支架损失

车辆充电口一般会有单独的固定支架，前部碰撞事故可能会造成充电固定支架损坏（图5-2-20），定损时先查询支架和充电口是否为一体、单独的充电口支架是否可以单独更换。金属材质的支架如果变形轻微，也可进行修复处理，修复后要能够保证在充电插枪时位置正确、可以正常锁枪。

5.2.3.2　充电口水淹事故定损

（1）充电口水淹情况的检查及处理

根据水淹高度及充电口安装位置观察充电口是否涉水，如车辆充电口有涉水情况，需要告知维修人员，在采取防护的情况下对充电口内的水迹进行清洁、干燥处理（图5-2-21）。如果充电口内部有泥沙等污渍，需要先进行清理，并且干燥后要使用绝缘表对充电口进行绝缘检测，绝缘值一般为直流100Ω/V以上、交流5000Ω/V以上。

图 5-2-20　充电支架损坏

图 5-2-21　充电口水淹

（2）充电口锈蚀处理方式

如果充电口内部有明显锈蚀，尤其是高压连接端子内发生锈蚀的，需要进行更换处理。锈蚀后会导致绝缘值下降、通过电流受限，易出现漏电或短路等安全隐患。

充电口支架出现锈蚀的，可以根据具体的锈蚀程度予以修复或者取换处理。

水淹车辆的事故可能会导致充电口短路、损坏车载充电机或者电池管理系统BMS。

5.2.4　新能源汽车高压线束定损

新能源汽车的高压线束（图5-2-22）一般可以分为快充线束、慢充线束、动力电池线束、驱动电机线束及动力电池内部辅助高压线束等几种，高压线束为橘黄色。

图 5-2-22　新能源汽车高压线束

（1）高压线束的碰撞损伤定损

对于拖底事故，最容易损伤到的高压线束为连接动力电池的高压线束，一般在底部（图5-2-23）。车辆拖底时，可能会损伤到线束的高压连接插头，或出现线束绝缘层破裂、固定爪断裂等情况。

图 5-2-23　车辆底盘高压线束

若高压线束出现损伤，则需要更换。

（2）高压线束的水淹事故定损

根据车辆涉水水质和水淹时间的不同，需要拔插高压线束插头，检查插头处是否干燥或有水迹，如有明显水迹但未腐蚀，可及时清洗、干燥后做防锈处理。然后使用绝缘表对线束进行绝缘测试，绝缘值一般在直流100Ω/V以上、交流500Ω/V以上为正常。如果高压线束插孔有明显锈蚀痕迹，则建议更换高压线线束。高压线束固定支架锈蚀的，可以根据实际情况进行维修或更换。

5.2.5　新能源汽车其他高压模块定损

高压模块有电机控制器（MCU）（图5-2-24）、车载充电机、DC/DC转换器、高压分配单元、驱动电机、高压空调泵、PTC加热器。

5.2.5.1　高压部件碰撞事故的定损

高压部件大部分安装位置在车辆发动机机舱内部，一部分车辆的高压控制模块安装在车辆后尾部。控制模块一般由外壳、线束高低压插接件和内部电脑板以及水冷系统等组成，具备一定的防水能力，在控制盒上盖处有一圈密封圈，高压插头内部也设有密封水堵。

（1）外壳损伤

发生前部碰撞事故时容易造成外壳损伤，如固定爪断裂、壳体变形、破裂等。损伤外壳可以单独更换，损失不严重的可以进行焊接修复。

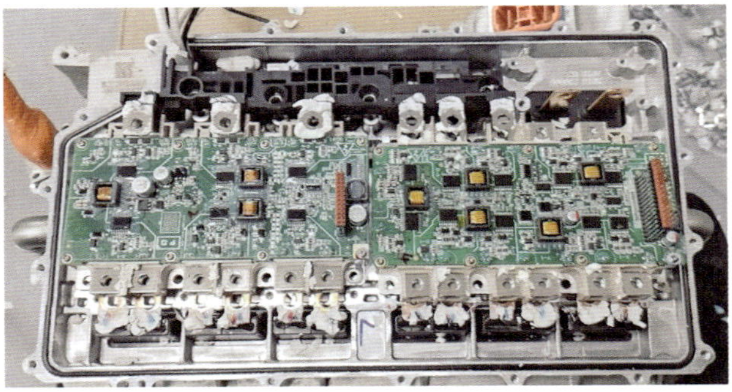

图 5-2-24 电机控制器

（2）高压插头损伤

部分模块高压插头位置比较靠外，轻微碰撞有可能导致高压插头损坏，这类事故损坏的大部分高压插头可以单独进行更换。

5.2.5.2 高压部件水淹事故定损

大多数高压控制部件都具有一定的防水功能，根据水淹实际情况的不同（水质、水淹高度、水淹时长等因素），需要对高压控制模块进行检查，若高压插接件、通气孔等存在水迹，则需要进一步检查。

（1）高压模块密封状态的检查

需检查高压插接件是否有水迹、是否干燥、有无拆卸痕迹、固定螺栓是否全、是否有松动等迹象。使用绝缘表对高压控制模块进行绝缘检测，绝缘值一般为直流100Ω/V以上、交流500Ω/V以上。

（2）高压控制模块开盖检查

对高压控制模块进行开盖检查，更能直观地观察到有无少量的水迹进入高压控制模块内部。如果内部无进水痕迹，建议对插接件进行检查并清洁处理。如果高压控制模块内部有少量的水迹，电路板无锈蚀痕迹，建议对模块进行清洗、干燥后做绝缘测试，绝缘通过后可对高低压插头、上下壳更换新的密封圈，做好防水处理。如果高压控制模块内部进水明显，电路板有明显锈蚀痕迹，安全起见，建议更换高压控制模块总成。

扫一扫
视频精讲

第6章

退保和转保

本章配套视频名称	二维码页码
汽车保费的退还	P138

6.1 退保的原则与技巧

6.1.1 退保的原则

扫一扫
视频精讲

（1）汽车退保（图6-1-1）的原因

❶ 汽车按规定报废。

❷ 汽车转卖他人。

❸ 反复保险：为同一辆汽车投保了两份相同的保险。

❹ 对保险公司不满意，想换保险公司。

（2）退保的车辆必须符合的条件

❶ 车辆的保险单必须在有效期内。

❷ 在保单有效期内，该车辆没有向保险公司报案或索赔过可退保，从保险公司得到过赔偿的车辆不能退保；仅向保险公司报案而未得到赔偿的车辆也不能退保。

6.1.2 退保的技巧

（1）退保流程

❶ 递交退保申请书（图6-1-2）（说明退保原因和从什么时间开始退保，签上字或盖上公章）。

图 6-1-1 车辆退保

图 6-1-2 递交退保申请书

❷ 保险公司审核后出具退保批单（批单上注明退保时间及应退保费金额，同时收回汽车保险单，电子保险单不需要回收）。

❸ 领取应退保险费（持退保批单和身份证到保险公司的财务部门领取）。

（2）退保所需单证

❶ 退保申请书（图6-1-3）。

❷ 保险单原件（图6-1-4），若保险单丢失，则需事先补办。

图 6-1-3　退保申请书

图 6-1-4　出示保险单原件

❸ 保险费发票（图6-1-5）。

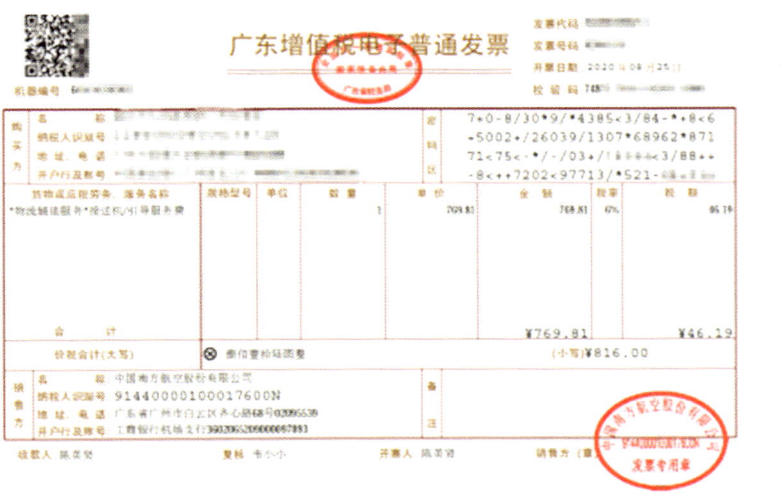

图 6-1-5　保费发票

④被保险人的身份证明（图6-1-6）。

⑤证明退保原因的文件：

图 6-1-6 身份证明

a. 因车辆报废而退保，需提供报废证明；

b. 因车辆转卖他人而退保，需提供过户证明；

c. 因重复保险而退保，需提供互相重复的两份保险单。

依据《机动车商业保险示范性条文》的要求，对于车险投保后，立即造成3%的服务费，该笔费用是立即交给保险公司的。假如退保的时间段在汽车保险起效以前，退回的费用为已交保险费用的97%；假如退保时间在汽车保险起效以后的具体情况的，退回的费用为在扣减3%服务费的根基上，再减掉早已产生阶段的费用，依照每一个月10%的损失计算，不足一个月的依照一个月收费（图6-1-7）。

图 6-1-7 退保损失

6.2 转保的原则与技巧

6.2.1 转保的原则

❶主要进行保单要素的一些批改，关键是批改被保险人与车主。所需要的资料比较简单，带上保险单和车辆过户证明（图6-2-1），由原来的车主到原

来买保险的保险公司营销网点去办理即可。

图 6-2-1　所需要的资料

❷ 申请退保，即把原来那份车险退掉，终止以前的合同。这时只需要缴纳从投保开始到退保这期间的保费，其他的保费保险公司会相应退还。新车主可以到任何一家保险公司去重新办理一份车险。

图 6-2-2　保险过户

这种情况下，退保时所需要的资料，除了保险单外还要身份证。重新投保的时候，只需提供新的行驶证，或者车辆过户（图6-2-2）的证明就可以投保了。

6.2.2　转保的技巧

二手车买卖，交强险一般会有，有的车辆商业险也会有，而消费者在购买二手车后，就一定要及时地将保险过户到自己的名下（图6-2-3）。否则一旦需要出险，新旧车主就都需到场，而且保险中的责任方也很难判定。

二手车保险除交强险外，对于其他商业险，如果原车主连续投保几年之中没有出过险，新车主在同一家保险公司可能会享受到保金优惠。同样，如果前一名车主由于连续出险导致保险单续费加价，新车主可以考虑换一家新的保险公司（图6-2-4）。

图 6-2-3　车险转让

图 6-2-4　保险公司选择

第7章

车险拒赔

本章配套视频名称	二维码页码
酒后驾驶保险公司拒赔	P146
车辆顶替出险保险公司拒赔	P156

7.1 拒赔的成因

7.1.1 个人原因

（1）无牌照驾驶造成的损失

新车未上牌（图7-1-1）、无临时牌或者临时牌过期期间造成的损失。在汽车基本险的四个险种的免责条款中都明确规定，除非另有约定，否则发生保险事故时无公安机关交通管理部门核发的合法有效的行驶证、号牌、临时号牌或临时移动证，保险公司不予赔偿。

（2）未年检车辆造成的损失

车辆未通过年检或者未及时年检的（图7-1-2），均属于不能合法上路的。车险免责条款规定，未在规定检验期限内进行机动车安全技术检验或检验未通过而上路行驶过程中造成的损失，保险公司不予赔偿。同时提醒车主，一旦发生事故且与超载有关，保险公司也可以超载为理由拒赔。

图7-1-1　机动车未上牌

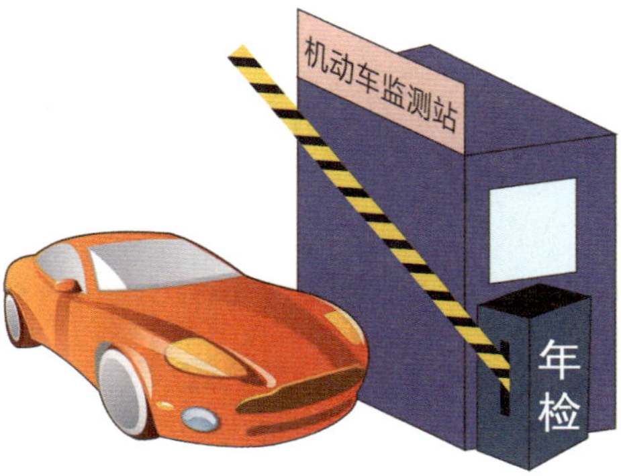

图7-1-2　车辆年检

（3）无证驾驶车辆造成的损失

基本险四个险种的免责条款中均注明，在驾驶证丢失、损毁、超过有效期或被依法扣留、暂扣期间或记分达到12分，仍驾驶机动车造成事故损失的，不予赔偿。特别是驾驶证丢失与准驾车型不符或更换时注销原驾驶证的，这期间驾车相当于无证驾驶（图7-1-3），出事故不但保险不赔，还会因无照驾驶被处罚。

（4）被保险人主动放弃追偿权

车辆损失险其中一条免责条款规定，因第三者对保险车辆的损害而造成保险事故的，保险事故发生后，在保险人未赔偿保险金之前，被保险人放弃对有关责任方请求赔偿权利的（私了）（图 7-1-4），保险人不承担赔偿责任。

图 7-1-3　无证驾驶

图 7-1-4　事故私了

（5）未及时报保险

《保险法》规定：被保险人须在保险事故发生后48小时内通知保险人，否则造成损失无法确定或扩大的部分，保险人不承担赔偿责任。也就是说如果事故发生超过48小时才通知保险公司（图 7-1-5），同时不能提供有效的财产损失证明，保险公司有权拒赔。

图 7-1-5　未及时报案

（6）改装车辆

在车辆损失险和全车盗抢险的免责条款中规定，车辆转送或增加车辆危险程度需要通知保险公司。增加车辆危险程度主要指向就是改装车辆（图 7-1-6）。现有法院判例已表明，改装了发动机的车辆发生车祸后，保险公司会合法拒赔。所以，车损险赔付的范围只是车辆出厂时的标准配置，自己加装的音响、电台、冰箱、尾翼、行李架等，如果没有单独投保车辆新增设备险，一旦撞了造成损失，保险公司不会对此赔偿，只能自己承担损失。

（7）故意毁坏车辆

这里说的故意毁坏是保险公司的说法，除了那种骗保的情况外，还有一些是你在不知情时被划分进入此条的。比如你在车内放置打火机、发胶、空气清新剂等易燃易爆的物品（图 7-1-6），发生爆炸后风挡玻璃被炸碎，这种情况下在保险公司那里就算作故意毁坏车辆，是不能得到赔偿的。

图 7-1-6　车内放置易燃易爆品

（8）醉酒驾驶

针对酒后驾驶，交规里有严格的明文规定，驾驶员在驾驶机动车时，血液中的酒精含量大于等于20mg/100mL，属于饮酒驾驶。而血液中的酒精含量大于等于80mg/100mL，则属于醉酒驾驶（图 7-1-7）。

扫一扫
视频精讲

图 7-1-7　醉酒驾驶

❶ 对于饮酒驾驶，造成第三方损失，保险公司会在交强险责任范围内对第三者给予赔付。

❷ 对于醉酒驾驶，保险公司最多在交强险范围内垫付抢救费用，事后再向肇事者追偿。

关于饮酒开车所造成的交通事故，大多数保险的责任免除条款都有列明。

被保险人酒后驾驶、无合法有效驾驶证驾驶，或驾驶无有效行驶证的机动车，导致被保险人伤残、身故的，本公司不承担给付保险金的责任。就是说，只要交警通过现场查勘，认定是因驾驶员“酒后驾车”而出现的事故，无论是饮酒驾驶还是醉酒驾驶，对于商业车险来说，酒后驾驶出险，保险公司都不予以赔付；但交强险则规定，“驾驶人醉酒”情况下发生保险事故属除外责任，保险公司需负责垫付和赔偿。

7.1.2 保险公司原因

（1）保险费交清前发生的保险事故

基本险通用条款第八条写明，除保险合同另有约定外，投保人应在保险合同成立时一次交清保险费。保险费交清前发生的保险事故，保险人不承担保险责任。

同时，《保险法》规定，如果在超过规定的期限60日内未支付当期保费，保险合同效力也中止（图7-1-8），或者由保险人按照合同约定的条件减少保险金额。除非另有约定，否则此时的保险合约也就相当于一纸空文。

（2）车灯或者倒车镜单独破损（图7-1-9）

某些不法的修理厂，利用换下来的破损车灯或者倒车镜装到车型相同的其他车上来骗取赔款，保险公司为了防范此风险，便设置了这条对车主利益有损害的免责条款。

图7-1-8　保单过期

图7-1-9　后视镜破裂

（3）没经过定损直接修理

如果车辆在外地出险（图7-1-10），车主需要先定损再修车，否则保险公司可能以无法确定损失金额而拒绝赔偿。

图 7-1-10　外地出险

7.1.3　社会原因

（1）车辆修理期间出事故造成的损失

图 7-1-11　车辆举升事故

车辆在检测、维修、养护过程中造成的损失，以及车辆在出险后，送去维修的路上或者在维修过程中额外出现的意外损失（图 7-1-11），保险公司不予赔偿。因为保险公司认为维修点负有看管车辆的责任，车辆被盗或者损坏属于维修点的过失。

（2）在收费停车场丢车

对于在收费停车场被盗窃的车辆，即便投了全车盗抢险，保险公司也不予赔偿。因为保险公司认为，收费停车场有看护、保管好车辆的义务（图 7-1-12）。因此，如果车辆在类似场合被盗，作为车主应该保管好停车场的收费凭证或发票，必要时作为维护自身利益的证据。

图 7-1-12　车辆被盗

（3）车辆零部件被盗

“全险”并不代表“包赔一切”，倘若只是车辆零部件，如轮胎（图7-1-13）、音响设备等被盗走，保险公司不予赔偿。

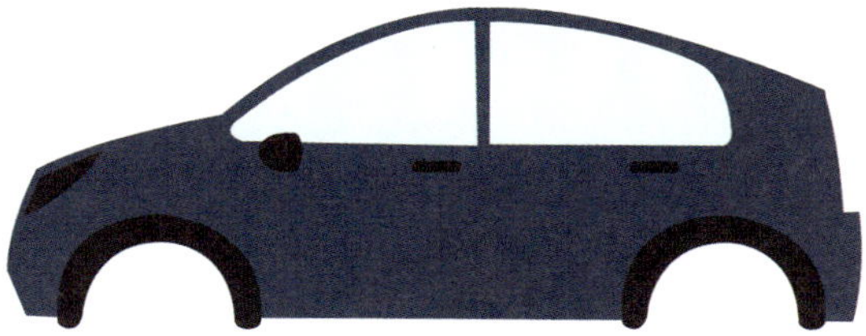

图 7-1-13 车轮被盗

7.2 拒赔典型案例

7.2.1 酒驾

（1）案情

乙公司就其名下机动车向甲保险公司投保了交强险。保险期内，乙公司员工许某酒后驾驶涉案车辆外出办理公司事务时撞伤付某，许某负事故全部责任，并承担刑事责任。事故发生后，付某提起诉讼，要求就其损失由甲保险公司在交强险限额内承担赔偿责任，不足部分由乙公司承担赔偿责任（图7-2-1）。法院经审理后做出判决，甲保险公司在交强险限额内赔偿付某10万余元，乙公司赔偿付某8600元。甲保险公司向付某支付了保险金后，起诉至法院，请求判令乙公司支付赔偿款10万余元及利息。

图 7-2-1 酒后驾驶

（2）判决

法院认为，许某醉酒驾驶机动车造成第三人人身损害，甲保险公司在第三人提起的另案诉讼中就交强险部分承担了赔偿责任，依法可向造成事故的侵权人追偿。涉案车辆系乙公司所有，许某系乙公司员工，乙公司应当为其员工许某在履行职务行为过程中因交通事故造成第三人损害承担赔偿责任。故判决对甲保险公司要求乙公司赔偿相关费用并支付利息损失的诉请予以支持（图7-2-2）。

图 7-2-2　法院审判

（3）提示

保险公司在交强险责任范围内垫付抢救费用后，可向醉酒驾驶人或其单位追偿。对于醉酒驾驶人，不仅会因醉酒驾驶行为定罪入刑，而且保险公司对于交强险及商业险均免除赔偿责任，由醉酒驾驶人自己对事故受害人的人身损害或财产损失承担民事赔偿责任。在醉酒驾驶造成第三人人身损害的情况下，保险公司先行承担赔偿责任，垫付抢救费用后，有权向醉酒驾驶的致害人追偿。如醉酒驾驶人的行为属于履行职务行为，保险公司可向其所在单位追偿。因此，车辆单位及驾驶人均应遵守交通法规，严禁酒后驾车，维护正常交通秩序。

7.2.2　逃逸

（1）案情

龚某2019年11月6驾驶轻型货车，车头撞击前方同向成某骑行的自行车尾部，导致成某当场死亡。事发后，龚某驾车驶离现场。交警部门经调查认为，龚某对前方路面动态情况疏于观察，遇情况反映不及，事发后驾车离开现场，是造成事故的直接原因。最终交警部门认定被告龚某负事故全部责任，成某不负事故责任。后龚某被判交通肇事罪且属肇事后逃逸（图7-2-3）。成某的近亲属将龚某及保险公司告上了法庭。

（2）审判

法院查明，此次交通事故导致原告一方的损失金额为83万元。法院认为，龚某明知其驾车发生事故，未采取任何措施即驾车离开现场，案发后其拨打110报警时也未如实交代其交通肇事的事实，其驾车离开现场的行为从主观上看是逃避法律追究而逃跑的行为，已经构成交通肇事犯罪后逃逸加重情节，属商业第三者责任险条款约定的责任免除情形。法院认为，保险公司免除商业第三者责任险责任，仅在交强险范围内赔偿11万元，其余损失由车主及驾驶员承担。

图 7-2-3　肇事逃逸

（3）提示

车辆商业第三者责任险的保险条款第五条第（六）项规定，事故发生后，被保险人或其允许的驾驶人在未依法采取措施的情况下驾驶被保险机动车或者遗弃被保险机动车逃离事故现场，或故意破坏、伪造现场、毁灭证据的，造成人身伤亡或财产损失，保险人均不负责赔偿。

7.2.3　改装车

（1）案情

投保人刘某为其所有的一辆货车在某财产保险公司投保了交强险及第三者责任险（保险金额50万元，并投保不计免赔），保险期限自2015年5月20日～2016年5月19日。2015年12月8日，驾驶员陈某某经刘某同意，驾驶刘某所有的上述货车由南向北行至江苏229省道某处时，恰逢吴某某骑电动自行车后载童某某由路东侧慢车道向西北斜过道路，货车驾驶员刘某某来不及采取措施，导致货车前部撞击到电动自行车尾部，致童某某死亡，吴某某受伤，两车受损。事故发生后，公安交通管理部门对肇事货车进行了相关检验并出具《车辆技术检验报告》，该报告载明肇事货车私自加高货厢栏板。《事故认定书》亦认定该车私自加高货厢栏板，载货超过核定质量，并以陈某某违反了《道路交通安全法》第48条第1款的规定，认定陈某某与吴某某承担事故的同等责任，童某某无责任。

（2）审判

2016年1月，童某某的亲属向法院起诉，称本起事故造成其损失32万余元，请求判令保险公司在交强险范围内赔偿损失，其余部分由陈某某、刘某赔偿60%，吴某某赔偿40%，同时请求保险公司在商业第三者责任险范围内对陈某某、刘某的赔偿部分承担赔偿责任。

保险公司理赔人员收到诉讼材料后，认为本案应构成保险条款约定的责任免除。根据《第三者责任保险条款》第18条第2款约定，保险公司在第三者责任险范围内不予赔偿应满足四个条件：

❶在保险期，本案所涉被保险机动车存在改装、加装等情形；

❷改装、加装等情形导致被保险机动车危险程度显著增加，且危险程度增加与交通事故的发生有因果关系；

❸投保人未就改装、加装等行为及时书面通知保险人；

❹保险公司已就保险合同中包括本案所涉《第三者责任保险条款》第18条第2款在内的相关责任免除条款向投保人履行了《保险法》第17条规定的提示和明确说明义务。

保险公司代理人提出在商业险内不予赔偿的观点，该观点经一、二审两次激烈的法庭辩论，最终，保险公司的观点得到法院的支持。法院依法判决，本案商业险保险公司不予赔偿。

（3）提示

生活中，有许多车主喜欢对车辆进行改装、加装，最常见的就是货车加高货厢栏板以增加载物量，对汽车的安全性产生影响。本案中，童某某付出了生命的代价，车主也为此得到了自赔数十万元的沉痛教训！而轿车的类似情况则主要表现为私自改装线路，加装大量的电子、电器设备，实则形成火灾安全隐患等。因此，作为保险人，在签订保险合同时向投保人履行明确说明义务尤为关键，保险业务经办人员应当具备这样的法律意识；而作为广大的车主，对车辆改装、加装要慎重，否则将面临保险公司拒赔的结局。

7.2.4 顶替出险

（1）案情

2014年2月23日凌晨，在吴中区郭巷某路口处，李某驾驶的车辆与金某驾驶的车辆发生碰撞。事故致两车受损，金某车上三人不同程度受伤。可在事故发生后，承担全责的李某不但不报警，还通知其朋友王某到场顶替后逃离现场。虽然受害车主认定王某不是事故发生时的驾驶员，但王某还是对交警谎称自己是驾驶员。直至凌晨6时许，交警才至李某家中将其带回交警队，经过多次询问，李某才承认自己是真正的“操盘手”（图7-2-4）。

图 7-2-4 严禁事故顶包

在承担受害人的医药费、财产损

失、车辆修理费共计35736元后，李某拿着各项单据向保险公司申请理赔却遭到了拒绝。李某认为，肇事发生在保险期间，保险公司应赔偿车辆损失。而保险公司则认为，按照《机动车保险条款》第十四条规定，李某发生事故后逃离现场并找人顶包等行为已构成免责事由，保险公司有权拒绝赔偿。双方协商不成，李某将保险公司告上了法庭。

（2）审判

法院经审理后认为，根据交通安全法第七十条规定："在道路上发生交通事故，车辆驾驶人应当立即停车，保护现场……"原告李某在事故发生后身体状况良好，完全可以自行采取措施，但其既未保护现场，也未报警，更未对受伤人员送医救治，还指使他人到场顶替，其行为是对事故现场的严重破坏。故被告保险公司在第三者责任保险和机动车损失保险项下不负赔偿责任，但涉案事故符合强制险约定的责任范围，故判决保险公司给付原告强制保险赔偿金4836元。

（3）提示

肇事逃逸的行为是当事人缺乏诚信和责任心的表现。在此，提醒大家，虽然发生事故后容易出现恐慌、畏罪和侥幸心理，但一定要及时报案，保护现场，积极救助伤员。逃逸意味着驾驶员放弃了对被害人采取抢救措施，并将被害人放到一个存在随时再度受到伤害的危险环境中，这不仅会影响肇事司机将来保险的理赔，而且其不履行及时救护的法定义务，又形成了新的违法行为，严重者或构成故意杀人罪。

7.2.5 扩大出险

（1）案情

2021年5月，李某为自家轿车投保了车辆损失险。同年10月，李某驾车外出，行至一山坡路段时，突然感到汽车出现一阵反常颠簸。停车查看，并未发现严重的损害，在接下来的行驶中，汽车连续3次发冲，挡位不清（图7-2-5）。

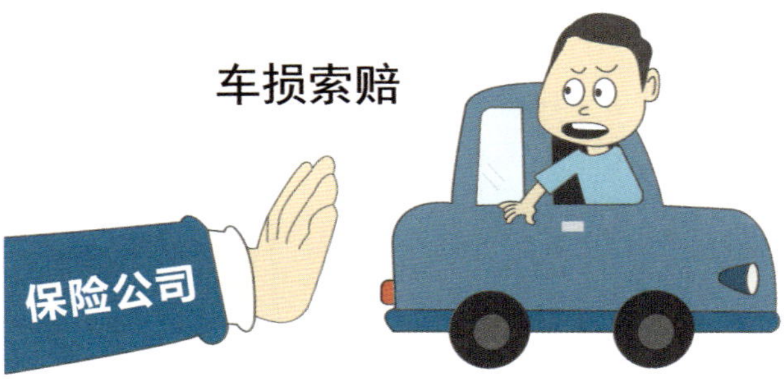

图7-2-5 扩大出险案例

李某停车并与保险公司联系。在征得保险公司同意后，他将车拖至修理厂。修理厂检查后发现，该车的变速箱不仅外部严重受损，内部的阀体、轴承等部件也都烧损。修理厂建议更换变速箱总成，修理费预计4.5万元。车修好后，李某向保险公司索赔。保险公司在了解李某行车的全过程后认为，由于李某托底继续行驶，导致变速箱内部受损。于是，保险公司决定缩小赔偿范围，只赔付变速箱外部损失。李某因此和保险公司发生争议，遂打电话诉至行业协会调解委员会。

（2）调解

保险公司认为，变速箱内部烧结是由于发生保险事故后，李某未采取适当措施检查修理反而继续行驶所致，属扩大的损失。对扩大的损失保险公司不予赔偿。李某则认为，作为一名普通司机，只有通过车辆能否继续行驶才能判断是否发生了保险事故，自己继续驾车行驶的行为并无不妥，保险公司理应赔偿全部损失。调解员认为，本案车辆的事故症状并非普通司机所能准确判断。李某作为一名普通司机，缺乏专业修理知识，其主观上无法知道保险事故已经发生，只有通过车辆能否继续行驶才能判断是否发生了保险事故。也就是说，李某在保险事故发生后未经必要修理而继续使用车辆，不存在故意扩大事故损失的主观故意。因此，保险公司应当考虑赔偿李某的全部损失。结合保险法相关内容，调解员对保险公司进行了说服工作。最终，保险公司同意赔付李某此次事故中保险车辆的全部修理费用45000元。本案争议就此化解（图7-2-6）。

图7-2-6 调解

（3）提示

在大家日常使用车辆子过程中，发现车辆异常后，尽量不要继续使用车辆，应先咨询4S店，或者在原地等待救援。“二次伤害会让保险赔付变得复杂，更重要的是，也可能会给驾驶员带来安全隐患。”以下这些情况可能导致保险拒赔，如：

❶发现车辆漏油、漏水后，仍然启动车辆行驶；

❷发动机进水后仍启动；

❸听到车辆有异响，闻到车辆有异味，仍启动车辆继续行驶。

7.2.6 夸大损失

（1）案情

宋某起诉称，2020年4月16日上午，他开的捷达车与路面挡水坡发生拖底事故，随后联系所投保的××联合财产保险股份有限公司北京分公司（下称××联合保险公司）定损，定损员确定损失金额仅为1500元。车辆修理过程中，维修站又发现了其他损坏部件，如皮带断裂、发动机严重受损。他多次联系××联合保险公司未果，便将对方告上法庭索赔车辆损失3.8万余元（图7-2-7）。

图7-2-7 夸大损伤

（2）审判

对此，××联合保险公司不予认可，认为这些更换项目与拖底事故无关。经其申请，法院委托鉴定机构对捷达车事故损失与维修项目的关联性进行了鉴定。鉴定结论显示，与拖底事故具有关联性并且实际进行了更换和维修的配件价格不高于1590元。最终，法院判决××联合保险公司支付宋某车辆修理费1590元，承担诉讼费用，驳回了宋某的其他诉求。

7.2.7 故意造案

（1）案件

2019年6月28日，被害人张某将一辆有轻微损伤的小型普通客车送至吴某锋、陈某峰共同经营的某汽车维修服务有限公司进行维修、保养。然而，吴某锋、陈某峰、高某丰经预谋后，采用购买部分旧配件更换汽车原有配件，并由高某丰指使郭某驾驶该车故意与他人车辆碰撞的手段，骗取保险公司赔偿。2019年7月11日，郭某驾驶该车故意与被害人张某某驾驶的汽车相撞，造成两车损失共计39833元。随后，保险公司赔付了被害人张某某的车辆维修费用27200元，其中部分用于赔付郭某驾驶的车辆损坏费用（图7-2-8）。

（2）审理

2020年7月21日，经检察院提起公诉，被告人吴某锋、陈某峰、高某丰、郭某被法院以犯故意毁坏财物罪，分别判处8～10个月不等的有期徒刑。被告人吴某锋、陈某峰、高某丰、郭某均自愿认罪，并赔偿受害人损失取得其谅解。

图 7-2-8　造案骗保

（3）提示

办案检察官介绍，一般情况下，涉及汽车的骗保行为大多是由投保人即车主实施，但近年来出现了维修厂利用送修车辆骗保的新型犯罪。本案中，吴某锋等人将配件更换后，人为制造事故进而骗取保险金的行为，警醒车主在送修汽车时应尽量去正规4S店。同时，保险公司在进行理赔时，要对在维修过程中发生事故并申请理赔的车辆加强审核，细化对车辆零配件的检查，防止不法修理商借机骗保。

扫一扫
视频精讲

第8章
车险事故场景模拟

本章配套视频名称	二维码页码	本章配套视频名称	二维码页码
小剐蹭应对	P158	车辆加塞事故	P167
买了保险不出险是不是亏了？	P159	电动自行车违章	P169
车辆停放停车场受损	P159	如何正确超车	P171
车辆代驾技巧	P161	乘员开门与自行车发生事故	P173
车辆外借事故	P163	高速路事故处理技巧	P176
新能源汽车自燃应对技巧	P164		

8.1 单方事故

8.1.1 车辆小剐蹭

（1）场景案例

张小姐刚买新车，因为刚拿到驾照，对车辆操作不熟练，驶出车库过程出现左前杠与地柱发生轻微剐蹭（图8-1-1）。

（2）紧急事故应对

第一时间开启危险警示灯，并在车后放置危险警示标识，以便提醒后方车辆注意绕行，避免二次事故发生。

图 8-1-1 轻微剐蹭

扫一扫 视频精讲

小剐蹭一般可以不用走保险，车主自行承担相关修理费用即可，因为车辆一旦出险会影响来年车险享受优惠，很可能得不偿失，具体需由车主自行考量决定，走保险的话，保险公司会承担相应的修理费用。

（3）责任划分

单方面的小剐蹭属于个人全责。

（4）法律依据

《道路交通事故处理程序规定》第十九条规定，机动车与机动车、机动车与非机动车发生财产损失事故，当事人应当在确保安全的原则下，采取现场拍照或者标画事故车辆现场位置等方式固定证据后，立即撤离现场，将车辆移至不妨碍交通的地点，再协商处理损害赔偿事宜，但有本规定第十三条第一款情形的除外。

（5）事故警示

小剐蹭尽量不走保险，因为自己把车辆开去维修店补漆，所产生的费用也不会太高。如果是非要走保险的话，保险公司也会给予理赔。不过第二年的保费，会因为出险次数的增多而增加不少。增加的保费中可能已经包含了这次补漆的费用，或者保费还要更高一些。这是因为，按照保险公司的规定，为新车第一次买保险的保费是3000 ~ 4000元，若车辆在一年中没有出险，那么第二年的保费会相应减少，如果连续两年或者三年都没有出险，其保费也会相应减少，最少可能会减至2000元左右。

如果出险一次，则和上一年的保费是一样的；出险两次，其保费会有很大程度的增加；如果出险两次以上，其费用会大大增加（表8-1-1）。

表 8-1-1　出险次数与保费的关系

上年出险次数	次年保费系数
5 次及以上	2
4 次	1.75
3 次	1.5
2 次	1.25
1 次	1
新车保险	1
未出险	0.85
连续两年不出险	0.7
连续三年不出险	0.6

扫一扫
视频精讲

如果出险5次，第二年的保费和连续三年都没有出险的保费相比较，光是在保费上的差距就不止1000元了。当然，车辆发生交通意外是谁都预料不到的，所以一年之中需要出险几次，可能谁都无法预料，所以没必要把这些“宝贵”的出险次数用在车辆剐蹭上面，否则是很不划算的。

8.1.2　车辆停放在停车场时受损

（1）场景案例

2022年6月的一天，刘女士发现自己停放小区停车场的宝马爱车两个后视镜被盗，维修该车共花费3.2万元。经调查未寻找到任何有价值的线索，刘女士与物业公司就维修事宜进行协商，但双方未能达成一致意见。

（2）紧急事故应对

先报警，由警察立案处理，依据警察的提示进行操作，在没有任何线索的情况下可通过警察的事故认定书找到物业相关部门进行协商或申请法律援助。

（3）责任划分

车辆在收费停车场正常停放，本车无驾驶员在车上，车辆损坏造成的损失由收费的停车场负责赔偿。保险公司一般会拒赔。

我国《物业管理条例》亦明确规定了物业公司在协助维护小区治安秩序，

保护业主人身、财产安全方面的义务。物业公司保管业主车辆的义务既来源于合同的约定，也来源于法律的规定。业主将车辆停放在小区内，如果由于物业公司管理方面存在重大过失导致发生损失，业主有权利向物业公司要求赔偿（图 8-1-2）。

图 8-1-2　业主停车场车辆受损

（4）法律依据

车主在与物业公司签订《车位租用协议》时，合同是物业公司提供的格式合同，该合同在一定程度上免除了物业公司的赔偿责任、加重了车主的责任、排除刘女士的主要权利。根据《中华人民共和国民法典》合同编相关规定，《车位租用协议》中物业公司的免责约定因违反法律规定应属无效，法院不予支持。

因此在涉及该事故过程中建议车主采用诉讼的形式进行，一般情况下法院都会给予支持车主的合法诉求。

（5）事故警示

车辆在非收费停车场受到其他车辆或者责任人碰撞损坏造成的损失，要向所在地公安机关报警，根据事故类型、性质确定当事人责任以后，按照责任赔偿情况申请保险赔付。在无法确定责任人的情况下，机动车所有人或者投保人可以直接向保险公司报案，在投保车损保险的有效期以内，向承保的保险公司直接申报理赔，一般的保险公司会按照合同赔偿 70% 左右的直接经济损失。

很多车主认为，如果自己交了停车费，车辆停在停车场内，车辆或车内的物品有损害或丢失，这个责任不是由停车场担负吗？事实上不是的，停车场只承担因车辆被盗时，导致车辆损坏的修车费，而车内物品的损失只能自己承担，因为法规规定车主存放车辆时，应该将手提电脑等贵重物品交给管理人员单独保管或明确告知车辆管理人员。

所以在停放车辆时，最好是把车上贵重的物品带走。

其实在停车受损这个问题上，并没有一个标准化的处理流程，且责任认定与赔付环节也较为费时、费力。但是，车主完全可以通过合法途径获得相应赔偿。而在这之前，更应做到文明有序地停车，并加强自身的安全保护意识，尽量减小停车事故的发生概率。

扫一扫
视频精讲

8.1.3 车辆代驾事故

（1）场景案例

某日，刘女士与同事一起外出吃饭，后又到KTV唱歌，当晚气氛欢乐，大家都喝了不少酒，只有一位同事没有喝酒。凌晨一点，大家才有倦意，走出KTV后，大家商量由那位没有喝酒的同事驾驶刘女士的车，把同事们都一一送回家，对此，大伙儿都没有反对。没想到行驶到一个路口时，驾车的同事稍不留神就撞上了一辆行驶中的电动车，电动车驾驶人应声倒地（图8-1-3）。

图 8-1-3 车辆与电动车事故现场

（2）紧急事故应对

情况1：双闪灯打开，在车辆后方150米处放置危险警示三脚架，如电动车车主没有大碍，可协商私下赔付，自行承担修车费用。

情况2：双闪灯打开，在车辆后方150米处放置危险警示三脚架，如电动车车主受伤，第一时间拨打120、110、保险公司电话，保护好伤员，在现场等候。

（3）责任划分

这种情况多发生在亲戚朋友之间，属于无偿帮工关系。一般情况下，代驾人发生事故，由车辆所有人负责，当然代驾人存在故意或重大过失事故也要承担连带责任。

（4）法律依据

根据《最高人民法院关于审理人身损害赔偿案件若干问题的解释》相关规定，为他人无偿提供义务的帮工人，在从事帮工活动中致使人损害的，被帮工人应当承担赔偿责任。被帮工人明确拒绝帮工的，不承担赔偿责任。帮工人存在故意或是重大过失的，赔偿权利人请求帮工人和被帮工人承担连带责任，人民法院予以支持（图8-1-4）。

（5）事故警示——代驾出了事故怎么处理？

最正确的做法就是先报警处理，打开危险指示灯（双闪灯），并在车辆后方150～200米设置安全警示标志，拍照保留现场并且撤离到安全地方，同时通知保险公司查勘理赔。一般情况下，代驾人非故意或重大过失引起的交通事故，先由保险公司赔偿，不足部分由车主或代驾人承担，代驾人故意或重大过失需承担连带责任。

图 8-1-4　帮工人承担连带责任

一般情况下，代驾人会投保代驾责任险，所以如果是代驾人把车撞了，则不需要动用车主的交强险、商业车险等，而是直接由代驾责任险赔偿。

❶ 有偿代驾——被代驾人免除责任。

根据《中华人民共和国民法典》第一千二百零九条，因租赁、借用等情形机动车所有人与使用人不是同一人时，发生交通事故后属于该机动车一方责任的，要由保险公司在机动车强制保险责任限额范围内赔偿。不足的部分，要由机动车使用人承担责任；机动车所有人对损害的发生有过错行为的，承担相应的赔偿责任。

❷ 雇人代驾——按照雇佣关系处理。

车主花钱雇人开车，就形成雇佣关系。如果代驾人把车蹭了，按照车主投保险种，除由保险公司承担保险责任外的，超出部分由车主承担，当然故意或重大过失致人伤害，要承担连带赔偿责任。

❸ 公司代驾——要按照委托关系处理。

一般在代驾前都会和代驾公司签订代驾服务书面合同，形成委托合同关系。如果代驾人把客户车剐蹭了，先由保险公司承担保险责任，保险不足赔偿部分由代驾公司赔偿。

❹ 酒店代驾——按照消费合同处理。

这种专门为客户提供代驾的服务属于餐饮行业的延伸服务，也是消费行为的延续，所以从众多代驾人剐车案例中不难发现，由于酒店没有尽将顾客安全送到目的地的义务，违反合同约定，因此应承担保险不足赔偿部分，如果遇到代驾人撞车不赔，可上诉法院。

温馨提示 酒后有偿代驾可要求司机务必将车辆停放好，如在小区地库等地方酒后发生事故保险公司不给予赔付，严重者将面临刑事责任。

8.1.4 车辆外借事故

（1）场景案例

李女士因着急出门，向同事唐先生借爱车外出，车辆行驶至某岔路口段发生碰撞，造成两车损坏，王某某重伤，经过调查李女士的驾驶证过期。

当别人借车发生了事故，车主还要承担责任吗（图8-1-5）？

图8-1-5 车辆外借事故

（2）紧急事故应对

打开危险指示灯（双闪灯），在车辆后方150米处放置危险警示三脚架，若事故中有人员受伤，第一时间拨打120、110、保险公司电话，保护好伤员，避免二次事故，在现场等候。

扫一扫
视频精讲

（3）责任划分

道路交通事故认定书认定：李女士负该事故全部责任，王某某无责任；小型轿车所有人唐先生在未核实李女士驾驶资格的情况下把车借出（图8-1-6），最终造成事故，车主也要承担连带的赔偿责任。

图8-1-6 核实驾驶资格

（4）法律依据

《中华人民共和国民法典》相关规定：“因租赁、借用等情形机动车所有人与使用人不是同一人时，发生交通事故后属于该机动车一方责任的，由保险公司机动车强制保险责任限额范围内予以赔偿；不足的部分，由机动车使用人承担赔偿责任；机动车所有人对损害的发生有过错的，承担相应的赔偿责任。”《中华人民共和国道路交通安全法》相关规定：“机动车发生交通事故造成人身伤亡、财产损失的，由保险公司在机动车第三者责任强制保险责任限额范围内予以赔偿。不足的部分，按照下列规定承担赔偿责任：机动车之间发生交通事故的，由有过错的一方承担赔偿责任；双方都有过错的，按照各自过错的比例分担责任。”

（5）事故警示

❶ 车主无过错，要符合以下条件：

a.借车的人有驾照且未吊销和过期；

b.驾照类型符合驾驶车型，例如C2类型的驾照就不能开C1类型的车；

c.对方借车时是否有酒驾、毒驾等法律禁止行为；

d.如果车主在明知对方喝过酒的情况下把车借出，最终造成事故的，那车主要承担连带的赔偿责任。

❷ 借车给别人出了事故，以下情况保险公司不赔：

a.未经车主同意2次转借的，保险公司不赔；

b.在保险的免责条款当中，有一条明确规定，即未经被保险人同意或允许而驾车造成的损失，保险公司可以拒赔；

c.对方驾照不合法、驾照类型不符、酒驾的，保险公司不赔；

d.与前面的法律责任一样，如果在明知对方无驾照、驾照过期、驾照吊销，或者驾照类型不符合、酒驾、醉驾的情况下把车借给对方，出了事故保险公司也是可以拒赔的，这个在保险的免责条款当中同样有明确的规定。

8.2 双方事故

8.2.1 新能源汽车自燃

扫一扫
视频精讲

（1）场景案例

某年4月28日凌晨，深圳的一个新能源汽车充电站发生一起因车辆起火引起爆炸事故，现场共3辆新能源车受到不同程度的损坏，所幸无人员伤亡（图8-2-1）。

（2）紧急事故应对

大声呼救，寻求专业人员断开充电站总电源，立即拨打119火警电话，告知其他车主及时挪车，在安全的情况下使用灭火器进行灭火，同时打电话给保险公司和4S店，等候现场查验。

图 8-2-1 车辆充电过程自燃

（3）责任划分

谁先起火谁负责（此项应该由专业技术人员勘验）。例如，在投保足额保险的情况下，充电站故障起火由充电站保险公司负责赔付，如车辆故障起火，由厂家或所投保的保险公司进行赔付。

如果是车主或他人的人为原因导致起火，例如在车上放置可燃物、随意改装车辆导致线路故障或异常等，这种情况下的事故责任则需要由车主自己或是施害方承担。

（4）法律依据

《中华人民共和国产品质量法》规定，因产品存在缺陷造成人身、他人财产损害的，受害人可以向生产者或产品的销售者索赔。所以，若车辆自燃是由产品缺陷导致的，那责任将由生产厂家或售车的门店承担。

而针对新能源汽车的自燃问题，则规定在保险期间内，被保险人或被保险新能源汽车驾驶人在使用被保险新能源汽车过程中，因自然灾害、意外事故（含起火燃烧）造成被保险新能源汽车车身、电池及储能系统、电机及驱动系统、其他控制系统，以及其他所有出厂时的设备的直接损失，且不属于免除保险人责任的范围，保险人依照保险合同的约定负责赔偿。

（5）事故警示

从2019年5～8月不到4个月的时间里，新能源汽车国家监管平台共发现79起安全事故，涉及车辆96辆。其中，在已经查明起火原因的车辆中，行驶状态的车辆比例为41%，静止状态的车辆比例为40%，充电状态的车辆比例为19%。由此可见，与行驶状态、静止状态相比，充电状态并非占大部分。

新能源汽车自燃很大程度上会引发周围的充电站或者停放车辆的财产损失，目前定责的关键在于自燃发生的原因，若是质量问题又在质保期，那么基本就确定是厂家的责任；若是电路改装等个人原因，那只能由车主自己承担，因此车主在购买全险的同时仍需注意以下几点。

❶ 应选购、使用已经获得生产许可证的厂家生产的质量合格的电动车、充电器和电池，不要违规改装电动车，不要使用不合格的电池。

❷ 充电时严禁用物品覆盖住充电器，应保持充电器通风散热，检查充电器的风扇是否运转。

❸ 请到指定地点进行充电，严禁私拉乱接电线进行充电。

❹ 加强日常自查自检。需经常对电动汽车的电线、电路等方面进行检查，防止接触不良引起接触点打火、发热，避免线路老化、磨损而造成短路、串电事故的发生。

❺ 无需充电的电动汽车应停放在指定的地点，请勿和正在充电的电动汽车放在一起，以防火灾事故造成更大损失。

8.2.2 车辆加塞发生剐蹭

（1）场景案例

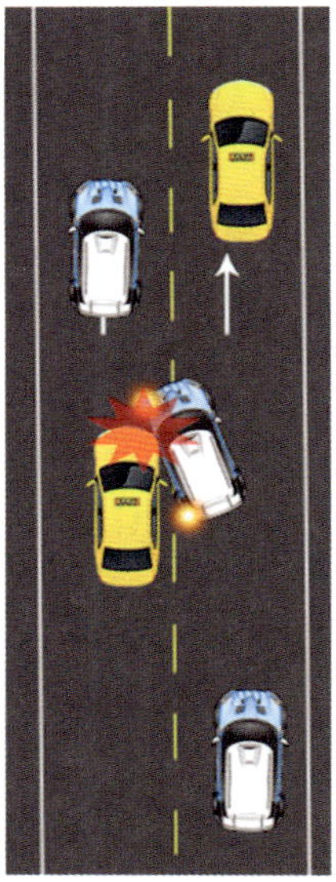

图 8-2-2 车辆违规变道事故

某年7月22日13时20分许，在京藏高速出京方向北沙滩桥附近，陆某（男，47岁）驾车违反规定变更车道，发生剐蹭事故（图8-2-2），然后下车辱骂对方驾驶员，将对方车辆反光镜、多处车窗玻璃砸碎毁坏，并导致对方手臂被划伤。

（2）紧急事故应对

路上车辆都在规规矩矩地正常行驶，可偏偏有个别车辆不能自觉文明行车，强行“变道加塞”，影响正常通行，这种既不文明又危险的驾驶行为，极易引起交通事故。

遇到类似问题应该立即开启危险警告灯，如果责任明确可拍照后上传至交警12123 APP，快速处理。保险公司形成报案号通过后，可先撤离现场。如责任不明确，对方情绪比较激动，建议立即拨打110，在车内等候交警的协调（图8-2-3）。

（3）责任划分

一般来说，如果自己加塞被撞，肯定是自己的责任。但是根据具体情况不同，加塞被撞的责任划分也会有所差别，以下具体说明。

❶ 加塞并线发生剐蹭：一般来说，有些驾驶人易在红绿灯路口加塞，如果因为加塞并线造成后车追尾，这肯定是加塞车的全责了。

❷ 后车从右侧超车后追尾：如果后车从右侧超车，并在超车后发生追尾，这就是后车的责任了。因为根据我国道路交通安全法规定，禁止从右侧超车，从右侧超车就属于违法行为。

❸ 压线追尾：如果压了实线并造成追尾，那么无论是什么情况，都是压

线车驾驶员负全责。因为根据我国道路交通安全法规定，汽车在行驶时禁止超越实线行驶。

（4）法律依据

《中华人民共和国道路交通安全法实施条例》相关规定：机动车转弯、变更车道、超车完毕驶回原车道、靠路边停车时，都应提前开启转向灯；不按照规定使用灯光的，可能面临记分和罚款的处罚；在道路同方向划有2条以上机动车道的，变更车道的机动车不得影响相关车道内行驶机动车的正常行驶。

图 8-2-3　友善处理交通事故

（5）事故警示

汽车行驶时需要注意的事项如下。

❶ 汽车在行驶时要遵守交通规则，按照道路标志行驶，禁止压线。

❷ 文明开车，不要乱加塞、乱变道。

❸ 汽车在行驶时要与前车保持车距，预判道路情况，提前刹车。

扫一扫
视频精讲

（6）如何防止“加塞”

市区、高速公路、坡路等不同路段，防止“加塞”的技巧有所不同。行车线路过于靠右或靠左，在侧面就给加塞车留出了空当。应对技巧：

❶ 尽可能保持在车道中央行驶；

❷ 安全情况下，左侧有车加塞就往左侧适当靠一些，右边有车加塞就适当往右侧靠一些；

❸ 不要与其他车辆贴太近，防止剐蹭；

❹ 遇到强插车辆，不要与其斗气，让就让了，安全第一。

（7）安全变道小技巧

❶ 变道前，需频繁观察后视镜，做到对后方车况心中有数（图8-2-4）。如后方车辆密集，不要强行变道，避免扰乱道路秩序，造成交通堵塞或发生交通事故。

❷ 如当前路况允许变道，需提前开启转向灯3秒，以便周围车辆了解变道意图，避免发生剐蹭（图8-2-5）。

❸ 后视镜存在盲区，在保证行车安全的情况下，变道前可在原车道稍加速或减速，通过速度差改变车辆位置，并充分观察后方车辆情况（图8-2-6）。

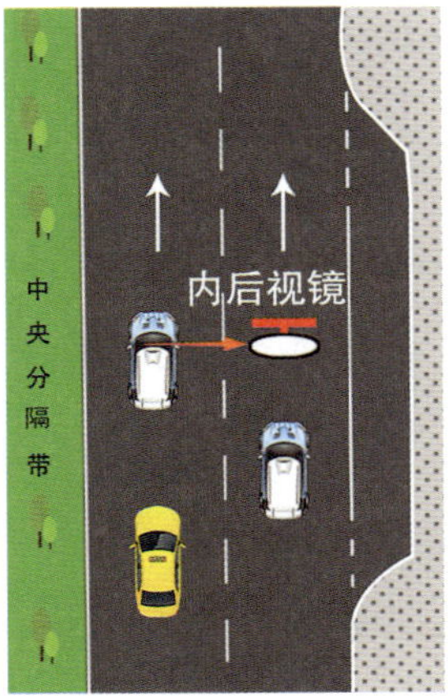

图 8-2-4 变道技巧——观察后视镜

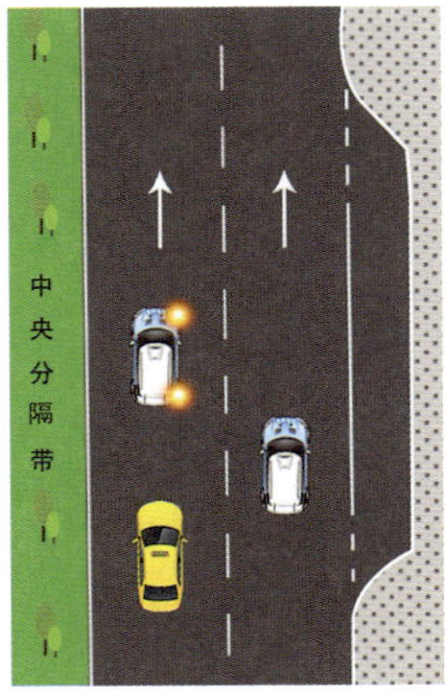

图 8-2-5 变道技巧——打开右转向灯

❹ 决定变道时，应轻打方向加速变道，不可长期占用超车道（图 8-2-7）。

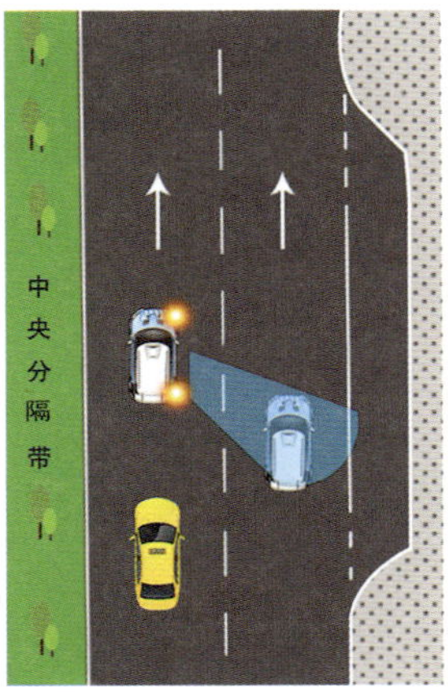

图 8-2-6 变道技巧——观察盲区

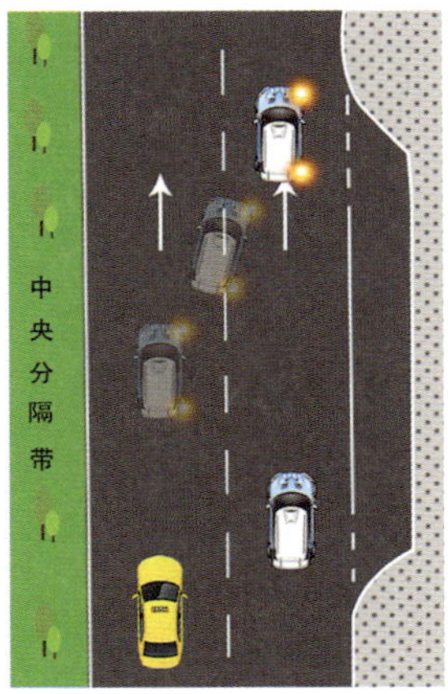

图 8-2-7 变道技巧——轻打方向加速变道

8.2.3 电动自行车违章发生交通事故

（1）场景案例

近年来，两轮电动自行车呈激增态势，大街小巷随处可见。随之带来的逆行、超载、闯红灯等交通违法行为屡见不鲜。王先生驾驶自己的爱车在机动车道上正常行驶，与骑着电动自行车逆行的送外卖人员发生碰撞（图 8-2-8），导致车辆受损严重，送外卖人员 2 根肋骨骨折，多处软组织受伤。

（2）紧急事故应对

电动自行车事故处理简易程序：

❶ 立即停车，避免危险；

❷ 及时报警；

❸ 抢救伤者，确保安全；

❹ 若事故中有人受伤，除轻伤者本人拒绝去医院外，应迅速想办法将伤者送到医院抢救治疗。对于能采取抢救措施的，应尽最大努力抢救。

保护现场，拍照取证，电动自行车事故处理一般程序：

❶ 交警部门查勘现场后确定事故责任，出具责任认定书；

❷ 申请伤残鉴定，以鉴定为准进行索赔；

❸ 双方当事人对事故达成和解；

❹ 当事人进行起诉；

❺ 按实际损失赔偿，具体赔偿范围和标准可参看《最高人民法院关于审理人身损害赔偿案件适用法律若干问题的解释》。

扫一扫
视频精讲

（3）责任划分

因电动自行车逆行（违章）应承担事故主要责任，机动车驾驶员承担不超过10%的事故责任（图8-2-9）。

图 8-2-8　与电动车发生碰撞

图 8-2-9　电动自行车违章行驶

（4）法律依据

《中华人民共和国道路交通安全法》相关规定：机动车发生交通事故造成人身伤亡、财产损失的，由保险公司在机动车第三者责任强制保险责任限额范围内予以赔偿；不足的部分，按照下列规定承担赔偿责任。

❶ 机动车之间发生交通事故的，由有过错的一方承担赔偿责任；双方都有过错的，按照各自过错的比例分担责任。

❷ 机动车与非机动车驾驶人、行人之间发生交通事故，非机动车驾驶人、行人没有过错的，由机动车一方承担赔偿责任；有证据证明非机动车驾驶人、行人有过错的，根据过错程度适当减轻机动车一方的赔偿责任；机动车一方没有过错的，承担不超过10%的赔偿责任。交通事故的损失是由非机动车驾驶人、行人故意碰撞机动车造成的，机动车一方不承担赔偿责任。

（5）事故警示

电动自行车小巧、轻便，已成为出行的重要交通工具，但仍有些骑行人缺乏基本的交通法律常识和安全意识，总是根据自己的“喜好”骑行，导致交通事故频发。当出现双方事故时，特别是有人受伤时（图8-2-10），一定要报警，一旦被认定为肇事逃逸，将会承担事故的全部责任！在此提示各位读者。

图 8-2-10　抢救伤员

❶ 车辆驾驶各行其道，骑行电动车一定要遵守有关交通安全的规定，按道行驶。非机动车应当在非机动车道内行驶；在没有非机动车道的道路上，应当靠车行道的右侧行驶。切勿逆向行驶！

❷ 佩戴安全头盔骑车出行。头部是人体最脆弱也是最容易受到致命伤害的部位，事故发生时，头部容易出现颅骨骨折、颅内出血等伤情，会危及生命，而戴头盔是最简单而又最有效的保命措施。

❸ 遵守交通信号灯指示通行，宁等三分，不抢一秒。在有交通信号灯的路口一定要按照信号灯指示通行，切勿闯红灯；逆向通过路口时应下车推行、走斑马线；在没有信号灯的路口，要注意观察，确保安全后再通行。

8.2.4　违法超车

（1）场景案例

某年5月26日6时58分许，陈某川驾驶的车牌号为闽C1××××的小型轿车在驿峰路鱼夫人路段处，与郭某泉驾驶的电动两轮自行车（后载郭某菱）发生碰撞，造成郭某泉、郭某菱受伤及两车不同程度损坏的交通事故。

民警通过调取视频监控及牌号为闽C1××××的小轿车的行车记录仪发现，陈某川在实行超车行为时，未按规定超车，致使牌号为闽C1××××的小型轿车右侧车身与电动两轮自行车左侧车身于路右慢车道上发生事故。

（2）紧急事故应对

打开双闪灯，放置警示牌。警示牌要放在来车方向，摆放距离要把握好：闹市距车20米，普通公路距车50米以上，高速公路距车最好为150米以上。

❶ 交通事故造成人身伤亡的，应当迅速报告执勤的交通警察或者公安机关交通管理部门，然后由交通部门处理的，当事人只要配合交通部门的处理即可。

❷ 交通事故未造成人身伤亡，并且对事实及成因无争议的，双方当事人就可以协商处理。因对方超车才发生交通事故的，理应由对方承担责任，对方

愿意承担责任的，就可以协商处理，不用报警。对方不愿意承担责任的，就只能报警，由交通管理部门进行调查，然后出具交通事故责任认定书，双方可以按照责任认定书来确定赔偿责任。

❸ 对方超车出交通事故的，需要根据事故的具体情况来处理。不同的事故情况，有不同的处理方式，若交通事故不严重，就可以协商处理，直接让对方按照实际发生的损失进行赔偿；若交通事故比较严重，应当报警，然后由交通警察处理。

扫一扫
视频精讲

（3）责任划分

交通事故责任划分的具体情形是怎样的？

❶ 超越前方正在超车的车辆负全责。

这种情况在主路出入口处极为常见。由于在主路入口处会有辅路车辆缓慢进入，而快速并线的辅路车势必会影响后方主路车的通行，而刚刚并入主路的车辆往往想要二次并线，有些心急的司机甚至会连并两条线，如果此时后方主路车辆选择并线超车，则很容易在本是拥挤的车道内发生事故。

在面对主路出口时，司机们同样需要注意，尤其是在拥堵的出口，后方车辆看到前车超车切记不可强行超越，保持原车速等待前车完全完成超越再并线超车是避免发生此类事故的办法。新交规中规定严禁在高速公路匝道中超车，违反者扣除3分。

❷ 在岔路口、窄桥处禁止超车。

如果车辆驾驶人行至路口处发现前方车辆慢行会很自然地变换车道，而此时如果加大油门强行超越前车，一旦发生事故，责任需由超车一方负责，而如果前方道路变窄，车辆不得不并线，则应礼让直行车先行，如果此时强行超车，危险不言而喻。

与岔路口相似，在窄桥上行车同样是禁止超车的。在狭窄的桥梁入口处不仅会悬挂出道桥的限速标示，还会竖立禁止超车标志，而在道路变宽后则会以解除标志来提示驾驶人可以超车。

❸ 在弯道、陡坡、隧道内禁止超车。

弯道禁止超车，在弯道处即使标线为黄虚线，满足借道超车的要求，但法规中也是禁止在弯道中超车。不仅在弯道中，陡坡和隧道等危险地带内也同样禁止超车。

❹ 借道超车负全责。

当车辆行驶在标有黄色虚线的车道上时满足借道超车的要求，一般此种车道多为单车道，超车需要借用反方向行驶的车道。超车前，驾驶人需提前观察对向车道情况和后方车辆位置，确认安全后需果断超越前车。如长时间占用对向车道则会因为逆行触犯交规，新交规中规定逆向行驶扣除3分。

❺ 单行道从右侧超车负全责。

在单行道内超车，应遵行从左侧超车的习惯，而如果此时对向车辆来车，无法超车，有些心急的驾驶人便会选择从右侧超车，而单行线右侧为白实线，并且在车道右侧通常为非机动车道，此时无论与正常行驶的车辆还是非机动车或行人发生事故都应由超车车辆负全责。

（4）法律依据

《道路交通事故处理程序规定》相关规定：公安机关交通管理部门应当根据当事人的行为对发生道路交通事故所起的作用以及过错的严重程度，确定当事人的责任。在道路上发生交通事故，车辆驾驶人应当立即停车，保护现场；造成人身伤亡的，车辆驾驶人应当立即抢救受伤人员，并迅速报告执勤的交通警察或者公安机关交通管理部门。因抢救受伤人员变动现场的，应当标明位置。乘车人、过往车辆驾驶人、过往行人应当予以协助。在道路上发生交通事故，未造成人身伤亡，当事人对事实及成因无争议的，可以即行撤离现场，恢复交通，自行协商处理损害赔偿事宜；不即行撤离现场的，应当迅速报告执勤的交通警察或者公安机关交通管理部门。在道路上发生交通事故，仅造成轻微财产损失，并且基本事实清楚的，当事人应当先撤离现场，再进行协商处理。

（5）事故警示——如何正确超车？

❶ 正确驾驶超车的方法。

a.超车前。驾驶人应充分了解车辆的加速性能，在喇叭、转向灯、大灯工作正常的情况下，应选择视线良好、左右通畅、前方道路150米范围内无车辆通行的直行、宽阔道路，在保证安全的前提下可以超车，不应不顾主客观条件盲目超车。需要遵守《中华人民共和国道路交通安全法》的规定：在通过路口、陡坡、急弯等危险路段，遇到雨雾等恶劣天气，前车示意左转、掉头或超车时，以及没有超车标志的地方，严禁超车。

b.超车。应该提高车速，靠近超车车辆的左侧，缩短与超车车辆的距离（与超车车辆的距离不超过20m），打开左转向灯并鸣喇叭（夜间通过远近光变化指示）告知前车，确认前车正在超车或发出超车信号后，稍微向左转，与超车车辆保持一定的横向距离，从左侧加速超车；超车前，确保前方路况良好，没有迎面驶来的车辆。通过后，应继续沿超车道行驶20 ~ 30米后，打开右转向灯，驶回原车道，关闭转向灯。超车时，应尽可能加大两车速度差，减少超车距离和时间，保证快速完成超车。

❷ 在高速公路上超车的方法。

a.超车时。如果观察不仔细，判断不准确，在超车过程中发现左侧有障碍物、横向间距过小或与对向车距离过近等意外情况时，应冷静下来，尽快减速，停止超车。不要采取紧急制动以防止汽车打滑和跑偏，从而引起碰撞。不应有侥幸心理，也不应强行通过。

b. 超越车队时。由于车队前后距离较远，需要在超车视距良好的情况下加速连续超车。如果对面来的车辆不能保证安全的横向间距，则打开右转向灯，在合适的时机插入车队，然后在对面车过后超车。加速时不要靠近车队，躲闪或急驰时不要插入车队，不要紧急制动，以防发生事故。

c. 对于拒绝被超越的汽车，驾驶人要有耐心，使用灯光提醒前方车，跟车的距离可以适当缩短一些，一有机会就快速通过。超车后，不要猛打方向盘或刹车等，防止因被超越而发生碰撞或操作不当、侧翻等事故。

❸ 不适合超车的日常情况。

a. 交叉路口。前方有路口时，被超越的车辆可能会左转，同时前方可能会有汽车通过路口，不适合超车。

b. 弯道和斜坡。在这种地理环境下超车时，视线容易被遮挡，不利于加速行驶，所以不建议超车。

c. 隧道之类的道路。如泥泞、交通情况复杂、隧道等路段，禁止超车，交通秩序混乱的地方（如中小学放学后的校门等）不允许超车。

d. 当迎面而来的汽车有可能相遇时。超车过程中，如果左侧有障碍物，或者与对向车距离很近，需要冷静减速，停止超车，不要强行通过或用力刹车。

e. 当车辆出现问题时。当车辆的转向和刹车有问题时，不能超车。

f. 天气不好的时候。遇到大风、暴雨、大雾等恶劣天气不要超车。

扫一扫
视频精讲

8.2.5 乘员开门与自行车发生事故

（1）场景案例

王某驾车送李某某回家，在行至李某某居住的小区附近时，将车辆停放于小区西侧路北的人行道上。李某某打开右后侧车门准备下车时，与骑电动车经过的许某某发生碰撞，致许某某倒地受伤（图 8-2-11）。

图 8-2-11　车辆开门与自行车发生碰撞

（2）紧急事故应对

❶ 打开双闪灯，放置警示牌。警示牌要放在来车方向，摆放距离要把

握好：闹市距车20米；普通公路距车50米以上。

❷ 应立即拨打报警电话和120急救电话，安排就医。

❸ 保护好事故现场，拍现场照。

（3）责任划分

王某违反禁止在人行道上停放机动车的规定，负事故的次要责任。李某某打开车门妨碍车辆通行的过错行为，相比王某将车停放在人行道上的过错行为，对事故发生起的作用更大、过错更为严重，负事故的主要责任。

（4）法律依据

《中华人民共和国道路交通安全法实施条例》相关规定：机动车在道路上临时停车，应当遵守下列要求。

❶ 在设有禁停标志、标线的路段，在机动车道与非机动车道、人行道之间设有隔离设施的路段，以及人行横道、施工地段等不得停车；

❷ 交叉路口、铁路道口、急弯路、宽度不足4米的窄路、桥梁、陡坡、隧道以及距离上述地点50米以内的路段，不得停车；

❸ 公共汽车站、急救站、加油站、消防栓或者消防队（站）门前以及距离上述地点30米以内的路段，不得停车；

❹ 车辆停稳前不得开车门和上下人员，开关车门不得妨碍其他车辆和行人通行；

❺ 路边停车应当紧靠道路右侧，机动车驾驶人不得离车，上下人员或者装卸物品后，立即驶离。

（5）事故警示

一个不正确的开车门动作可能会给其他驾驶人、行人造成人身及财产损害，甚至造成严重交通事故，为了避免此类交通事故，驾驶人、乘车人、骑行人及行人均应该共同加强交通安全意识。

对于驾驶人而言，不仅要做到规范停车，不能随意停车影响他人通行，更要提前提醒乘车人，确认周围环境安全之后再下车。

作为乘车人，应该看清车辆四周情况后，选择从右侧车门下车。

骑行人和行人，在经过路边停放的车辆时，尤其是刚驶停的车辆时，务必要减速慢行，注意保持与车辆的安全距离，以防车门突然开启。

8.2.6 高速路发生连环撞车

（1）场景案例

如果在高速公路上发生车祸，一般都是比较严重的交通事故，因为高速公路上车辆行驶速度较快。所以为了避免和减少交通事故的发生，对驾驶人驾龄也有严格的要求。而2022年8月，在某高速公路上就发生一起多车连环相撞的事故。一般的汽车追尾事故，主要是由于雨天及雾霾天气驾驶人观察不当，且没有保持合理车距造成（图8-2-12）。

（2）紧急事故应对

车靠边、人撤离、即报警。

（3）责任划分

连环追尾事故（5辆以上的事故），可以分割成单一事故，即按双车追尾事故进行判定；如果多方陈述有出入，则通常按照“后车赔偿前车车尾、同时赔偿自己车头”的原则进行赔偿认定。如果出现复杂情况，则按照实际情况认定追尾责任。

图 8-2-12　连环撞车事故

（4）法律依据

《中华人民共和国道路交通安全法》相关规定：在道路上发生交通事故，车辆驾驶人应当立即停车，保护现场；造成人身伤亡的，车辆驾驶人应当立即抢救受伤人员，并迅速报告执勤的交通警察或者公安机关交通管理部门。因抢救受伤人员变动现场的，应当标明位置。乘车人、过往车辆驾驶人、过往行人应当予以协助。

（5）事故警示

在交通事故发生之后，需要立刻采取措施减少人员伤亡和经济财产的损失。财产损失是小事，人的生命安全才是真正无价的。经济快速发展，机动车数量迅猛增加，交通条件与交通流量之间的矛盾日益突出。接下来介绍关于高速公路事故处理流程的法律知识。

❶ 人员转移。

a.不要急于下车查看车辆损失情况。很多人在发生事故后第一反应是去查看车辆损失情况，其实这是非常危险的行为。车辆刚发生事故时，还没来得及预警，后方正常行驶的车辆很容易躲闪不及，造成二次事故。前不久就有一起看似很小的追尾事故，当事人立即下车查看车辆损失情况，结果一辆大货车躲闪不及，将下车的人撞伤，本来是小事故，结果变成了伤人事故。发生事故后一定要先确保人身安全，有些司机会非常的激动，导致不理智的情况出现。

b.不要坐在车内等待救援，谨防车辆爆炸。在没有人员受伤的情况下，应立即转移到路肩的安全地带。有的人觉得没有必要，但在实际中有很多惨痛的案例。一辆小型客车发生事故后油箱泄漏，车上人员坐在车内等待救援，结果泄漏的油箱发生爆炸，车上人员全部遇难。车辆爆炸是瞬间的，根本来不及转移，所以发生事故后在确保安全的情况下先转移到路肩才是最安全的。

❷ 车辆后方预警。

a.开启双闪灯。在高速公路内发生事故后，尤其是在超车道内发生的事故，极易发生二次事故。应先打开双闪灯，这样能明确提醒后面的车辆。

b.摆放故障警示牌。在确保安全的情况下，要在车后方150米的地方放置故障警示牌，一定要足够150米，这个距离才能让后方车辆有足够的缓冲距离避开，尤其是夜间，这是非常重要的！

❸ 报警。

a.事故的具体位置，一定要说清楚。高速公路的护栏边上每100米都有绿色的千米桩号，可以在事故现场沿应急车道走走就能看到，说清楚千米数可以使交警在最短的时间内赶到事故现场。许多驾驶人只说附近的标志物，比如在某个桥梁或涵洞附近，这是无法迅速锁定事故地点的。

b.说清楚人员伤亡情况（是否需要救护车）、事故车能否开动等，交警会根据事故情况安排清障车或其他重型作业车辆。这里有部分人会先与保险公司联系，高速公路上是不允许保险公司现场勘验的，法律规定保险公司必须要认可交警开的责任认定书，所以在现场不用立即报保险，先打122，事故发生48小时内找保险公司都是可以理赔的。

❹ 不要停车或减速围观。发生事故后有的过往车辆驾驶人喜欢减速围观事故情况，这是非常不可取的。因为减速或是停车在高速公路上本身就是非常危险的，容易造成追尾。另外围观车辆会造成道路拥堵，本身发生事故就占了一条车道无法通行，正常行驶的车道一定不能再占用，否则救援车辆和警车都会被堵在路上，不能及时赶到现场救援。很多时候发生事故后，都是由于堵车，警车迟迟赶不到事故现场，并不是交警出警慢的原因。

❺ 带好处理事故需要的资料。处理事故时需要提供驾驶证、行驶证、保险单等资料，如果没有带保险单，车前风挡上的年检标也有保险单号，有行车记录仪的也可以拿下来给交警作为证据。有人员伤亡的应先去医院治疗，然后到交警大队处理事故。

扫一扫
视频精讲

第9章
保险法律法规

本章配套视频名称	二维码页码
新能源车保费贵在哪里	P181
燃油车保费与新能源车保费的续保区别	

9.1 机动车保险双方具有哪些权利和义务

9.1.1 保险合同中应该针对投保人规定的权利和义务

❶ 除非法律或合同中事先另有规定，保险人在保险期间不得擅自提出解除合同，但投保人或被保险人违反下述法定或约定义务时，保险人可以解除合同：

a. 投保人违反告知义务；

b. 被保险人或投保人违反了保证条件；

c. 投保人或被保险人违反保险合同中规定的义务，且合同中明确规定其违反这些义务，保险人有权解除合同（图 9-1-1）。

❷ 保险人根据法定或约定事由解除合同时，一般可不退还其已收取的保险费，并有权根据在其保险期间所承担的保险责任，向投保人追偿保险费。

❸ 在某些情况下，保险人根据合同中双方当事人约定的事由发生（投保人没有违反规定义务）可解除保险合同，这时保险人应当按日计算未到期的保险费退还投保人。

保险合同成立后，一旦发生保险事故，保险人则应根据保险合同规定，向被保险人支付保险金，保险金的支付主要包括：

a. 损失赔偿金，这是根据保险财产的实际损失而定的，但最高以保险金额为限；

b. 施救费用，这是指在发生保险责任范围内的灾害或事故时，被保险人为了抢救或保护保险财产而支出的合理费用（图 9-1-2）；

图 9-1-1 解除合同

图 9-1-2 现场施救

c. 诉讼费用，是指向第三者追偿保险人同意支付的费用；

d. 其他有关费用，如为了认定损失是否属于保险责任范围，所支付的受损财产的检验、估价的合理费用等。

上述各项费用的给付由保险人承担，在计算时，第一项与其他各项一般应分别计算，但以不超过其保险金额为限。各项损失费用的赔偿，保险人一般采用现金方式支付，但合同中另有约定的，应按约定办理。保险人与投保方达成有关赔偿金额协议之后，一般应于10日内偿付。

9.1.2 保险合同中应该针对被保险人规定的权利和义务

❶ 被保险人在财产保险合同规定的保险范围内，遭遇灾害时，有权要求保险方支付规定的保险费用。

❷ 交纳保险费。被保险人（投保人）有义务按合同规定按期、如数交纳保险费用。

❸ 尽力保护保险标的。被保险人在保险的财产受到侵害时，有义务采取一切有效措施保护其保险标的安全与完整，并接受保险人对保护措施的检查、监督及合理的建议。

❹ 当保险事故发生后，被保险人有义务及时采取行之有效的措施、办法来抢救保险标的，尽可能避免损失的扩大。

❺ 被保险人有义务如实申报保险标的危险状况，当保险标的所受危害程度增加时，应及时通知保险人，以便及时修订收费标准。

保险合同中应该针对保险人和被保险人的权利及义务作出明确的规定，这有利于保险人和被保险人规范自己的行为，确保保险合同的顺利履行以及稳定我国保险业务市场。

9.2 为什么新能源汽车保费比传统燃油汽车贵，贵在哪里

（1）车价影响保费价格

影响车险价格的主要是出险率和零整比。与燃油车相比，目前新能源车在这两个方面都处于下风。新能源汽车无论是从零起步还是行进间加速，它的加速度一般都比同级别的燃油车要快，对电机有更大损耗，也要求驾驶人有更强的安全意识。保险公司更担心的是车辆自燃或涉水，造成电池、电机等核心部件受损。这些部件维修价格不菲，遇到较大问题时基本直接更换。此外，新能源汽车车载设备电子化集成度高，单次的事故零配件及工时费价格一般比传统燃油汽车高。中保信公司发布的分析报告显示，家用新能源汽车较非新能源汽车出险率高11.7%，赔付率高5.4%。

（2）补贴前价格投保的价格差

二十几万元的新能源汽车，国家补贴一部分，自己花费十几万元。但是真

正投保车险时，保险公司却不会按照国家补贴后的价格计算保费。目前大多数的新能源车全都是按补贴前的价格投保。

比亚迪e5官方报价19.59万元。国家补贴新能源车，自己花费12.99万元；速腾1.6L手动时尚版售价13.18万元。对比两款车，燃油汽车购买成本更高。但按照汽车实际价格进行车险报价，比亚迪车损险保费2950元，速腾车损险保费1893元。新能源汽车的车险保费远远高出燃油汽车（表9-2-1）。

表 9-2-1　新能源车型与传统车型保费对比

项目	比亚迪 e5	速腾 1.6L
售价 / 补贴后售价	19.59 万元 /12.99 万元	13.18 万元
三者 50 万元 / 元	1252	1252
车损险 / 元	2950	1893
车上人员责任险（司机）/ 元	50	50
车上人员责任险（乘客）/ 元	200	200
各项不计免赔 / 元	768	629
合计 / 元	5220	4024

（3）投保基数和理赔价格不一

新能源汽车入保都是按补贴前的价格计算的，小事故赔付是与燃油汽车一样的标准，但大事故赔付却按照车辆发票金额进行计算。汽车被盗或者车辆因事故报废时，全是按照购车发票上的金额赔付。

（4）燃油汽车保费和新能源汽车保费的续保区别

新能源汽车的折旧率不好界定，续保成本更高。传统燃油汽车在次年续保时，商业车险中最重要的车损险会根据车辆的价值有10%折损，如果车主第一年没有出险记录且记录良好，总的全险保费还会打七折左右。新能源汽车第二年不仅车损险会按照补贴前的价格进行计算，即便是记录良好，次年续保保费依然要比传统燃油汽车高（以当地实际情况为准）（图9-2-1）。

（5）新能源汽车专属保险推出后，承保责任有所扩大

“‘三电’‘起火’全赔付，承保责任有所扩大”。在保险责任上，保险新条款全面涵盖新能源汽车的使用场景，除行驶外，还包括停放、充电及作业的状态。同时，新条款明确了新能源汽车损失保险责任范围包括因意外事故（含起火燃烧，图9-2-2）造成电池及储能系统、电机及驱动系统、其他控制系统的直接损失。附加险里还增加了新能源汽车特有的“配套设施”保障，包括外部电网、自用充电桩等专属附加保险。

图 9-2-1 续保费用高且理赔降级

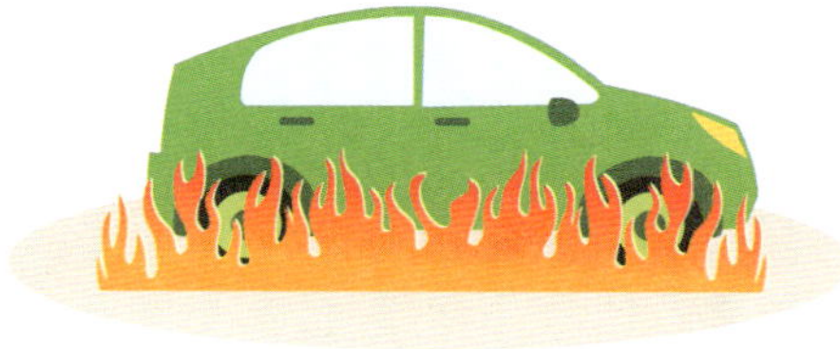

图 9-2-2 新能源汽车自燃

（6）新能源汽车零部件的零整比不断攀升

扫一扫
视频精讲

不断攀升的汽车零部件价格、人工成本、人伤医疗成本，激烈竞争下不断上涨的渠道费用等造成了各家保险公司车险业务的成本大幅增加，并将面临亏损困境。用价格相近的本田雅阁和雷克萨斯ES350做比较，雅阁的整车零整比为342.66%，而ES350则为408.87%。在维修时，后者的价格要高出前者很多。由此可见，之前的车险费用标准与保费风险完全不成比例，对保险公司和消费者都不公平。

9.3 未经允许擅驾车，造成损失难理赔

方某与李先生是关系很要好的同事。一天，方某因有急事，未与李先生打招呼就把李先生的轿车开走了。路上，方某因操作不当，车辆撞坏了河栏杆并翻入路边河中，造成车辆严重损坏。事故发生后，李先 生向保险公司报了案，并要求保险公司定损，保险公司定损为二十多万元，然后李先生请求给付保险金。保险公司经查勘和对有关当事人询问后，向李先生送达了拒赔通知书，拒赔理由是：依据保险条款责任免除第九条“下列情况下，不论任何原因造成的损失或经济赔偿责任，保险人均不负责赔偿：（9）非被保险人或其允许的驾驶员使用保险车辆。”的规定，此事故保险公司不承担赔偿责任。

为此，李先生将保险公司诉至法院，并称，签订合同时，保险公司并未依法向其告知保险公司所称的免责条款。保险公司的答辩意见是：根据保险法和保险合同的约定，保险公司对李先生做出的拒赔，是符合法律规定的。

案件审理中，李先生承认从未同意过方某驾车出行。保险公司也向法庭提供了内容相同的询问笔录。法院经审理认为，保险合同的被保险人，可以授权他人使用其车辆，获其授权的驾驶员驾驶车辆，属于被保险人允许的驾驶人。

除此以外，未经被保险人本人同意，因其他原因使用保险车辆的驾驶员，均不属于被保险人允许的驾驶人。保险公司以方某未经李先生允许驾驶保险车辆出险为由主张免责，符合双方合同约定，法院予以确认。因此，终审判决驳回了李先生的诉讼请求（图9-3-1）。

图 9-3-1 车险拒赔

为何李先生的诉讼请求未获支持？此案的争议焦点在于如何理解保险合同中的免责条款是否向李先生明确说明以及免责条款中关于“被保险人允许的驾驶人”的含义。

首先，《中华人民共和国保险法》第十八条规定，保险合同中规定有关于保险人责任免除条款的，保险人在订立保险合同时应当向投保人明确说明，未明确说明，该条款不产生效力。现实生活中，保险公司使用的保险单均有“明示告知”一栏。在原被告签订的保险单明示告知一栏中第三条就明确规定：请详细阅读所附保险条款，特别是有关责任免除和投保人、被保险人义务的部分。在保险条款第五条规定的情况下，不论任何原因造成保险车辆的损失或第三者的经济赔偿责任，保险人均不负责任赔偿，其中规定：非被保险人或非被保险人允许的驾驶员使用保险车辆。综合以上规定可以认定，保险公司在与李先生签订保险合同时已在保险单中及保险条款中对保险人的免责条款进行了明示，尽到了说明的义务。也就是说，李先生在签订保险合同的同时应当知晓保险人免除保险责任的具体内容。

其次，关于“被保险人允许的驾驶人”的含义应该理解为，保险合同的被保险人，可以授权他人使用其车辆，获其授权的驾驶人驾驶车辆，属于被保险人允许的驾驶人。除此以外，未经被保险人本人同意，因其他原因使用保险车辆的驾驶人，均不属于被保险人允许的驾驶人。本案中，李先生在方某使用车辆之前并不知情，故方某并非被保险人李先生允许的驾驶人。

9.4 驾驶证过期，出事故后保险公司能否理赔

机动车驾驶证是有期限的，有效期满后逾期1年以上未换证的，交管部门将依法注销该驾驶证。机动车驾驶证的有效期一般为6年、10年和长期。驾驶证超有效期，并不必然导致驾驶证持证人丧失驾驶资格的法律后果，因此保险

公司应作出理赔。

陈某是牌号为粤S××××× 车的车主，彭某是他聘请的司机，陈某购车后将车挂靠在一家汽运公司名下运营。某年12月10日，汽运公司在湖北某保险公司为该车投了机动车交通事故责任强制保险，保险期间从某年12月11日～次年12月10日。次年4月28日晚上9点，彭某在驾驶证过了有效期、还未换新证的情况下，驾驶该车发生交通事故致文某死亡。经交警认定，彭某负事故全部责任。次年6月，死者文某的父母诉至硚口区人民法院索赔，该院判决湖北某保险公司在交强险范围内赔偿11.3万元。

该保险公司认为，交通事故发生时彭某所持驾驶证超过有效期，视为未取得驾驶资格，没有驾驶资格不属于保险责任，故诉至法院，请求车主陈某、司机彭某以及汽运公司共同返还先行赔付的交强险11.3万元。

根据《中华人民共和国机动车驾驶证申领和使用规定》等相关规定，驾驶员通过公安机关组织的驾驶资格考试，即取得驾驶资格，只要未被吊销，均具有合法驾驶资格，换证属于行政管理范畴，过期未换由交管部门依法处理，驾驶证的有效期并不是指机动车驾驶人驾驶资格的有效期。

尽管彭某在发生交通事故时驾驶证过期，但交通事故发生后，彭某换领了新证，因此仅视为驾驶证超期检审，并非“未取得驾驶资格”。根据《机动车道路交通事故责任强制保险条例》及相关司法解释的规定，彭某不属于未取得驾驶资格，故驳回湖北某保险公司要求追偿的主张。

9.5 事故私了要谨慎，证据保存是关键

9.5.1 遇到交通事故，你会选择“私了”吗

在日常生活中，尽管开车的时候小心翼翼，但还是难免有时候会出现磕磕碰碰。发生交通事故后，有的车主选择“私了”，认为这样省时省事，也有的车主坚持“公了”，认为这样虽然会花费一些时间，但是较为稳妥，不会出现“扯皮”的情况（图9-5-1）。

图9-5-1 事故私了要谨慎

日前，有媒体报道，一辆无牌载客摩托车不慎撞上了一名路过的老人（图9-5-2）。摩托车司机将老人扶起后，老人感觉“没事”让司机离开。谁料，老人从现场离开回家走了短短四五百米的距离后，就在家门口“突然蹲了下来，脸色很不好”。家人将老人送医院救治，然而，老人还是在次日凌晨抢救无效身亡。

图 9-5-2　驾驶无牌摩托车撞人

老人的家属最终还是选择了报警，交警接警后经过调查走访，找到肇事摩托车司机时，司机称“没想到”。随后，交警认为肇事车辆属于无牌车，且肇事司机“没有尽到保护好现场的责任，应承担事故的主要责任”，被交警以交通肇事罪刑拘。

这一事件也引发了众多网友和司机的激烈讨论。有网友认为在这次事件中，摩托车司机没有主观逃逸，而是在老人自称没事后才离开，应该属于已经和老人达成了协议，被刑拘处罚有些重。也有网友认为，发生交通事故就一定要通过正常途径解决。记者随机采访了20位车主，其中大部分车主均选择“私了”。“一般说来，只要事故不大，我都会选择‘私了’，不耽误时间。”大多数车主之所以选择“私了”，是因为走正常程序会花费更多的时间，而“私了”则只需要双方达成一致就可以很快离开现场。

当记者问到如果“私了”后出现问题怎么办时，不少车主表示没有考虑过，称选择“私了”前都会估计双方受损情况，“有一定的把握不会出事，就会选择‘私了’。”只有极少数车主表示，发生交通事故后，不管事故大小都会选择报警。车主陈先生介绍他之前遇到过“私了”后“扯皮”的事情。当时陈先生撞上路人后，就立即将他送到了医院检查，医生检查后认为没有大碍，陈先生以为没事了。但是，对方家属却不干了，一定要住院，说：“家里没人照顾。”最后陈先生在支付了一笔“医药费”和“护理费”后才得以脱身。因此，陈先生认为发生交通事故后，宁愿多花些时间，也一定要走正常程序，要不然自己很容易有理也说不清。

9.5.2 “私了”需谨慎，要注意保留证据

发生交通事故后，到底应该怎么办呢？某律师事务所陈律师认为，如果发生的交通事故较为严重，驾驶员应当第一时间报警，并保护好现场（图9-5-3），可能造成人员伤亡的，还要第一时间拨打急救电话救治伤者，尽量避免伤亡后果的发生。“如果事故不大，可以选择‘私了’”。陈律师介绍《中华人民

共和国道路交通安全法》相关规定，“在道路上发生交通事故，车辆驾驶人应立即停车，保护现场”，同时还规定“未造成人身伤亡，当事人对事实及成因无争议的，可以即行撤离现场，恢复交通，自行协商处理损害赔偿事宜”。因此，发生轻微交通事故时，当事人可以选择“私了”，双方达成的协议是有效的。

图 9-5-3　放置警示牌

但是，由于当事双方都不是专业人士，“私了”可能出现一些风险，主要包括：举证困难、伤者病情的恶化未知、车体损伤的不确定性等。如果出现不可控情况很容易再次引发纠纷。为了避免“私了”后出现风险，陈律师建议在“私了”的时候保留证据，比如记录下交通事故发生的时间地点、事故经过、对方联系方式等，并且双方共同签名确认。同时还可以用手机拍下现场照片、录下双方对话等。

遇到交通事故，是“私了”还是走正常途径，需要谨慎考虑，如果选择“私了”一定要注意保留证据，以便出现后续纠纷时便于划清双方责任。

9.6 购买机动车辆全车盗抢险后加装的设备可否获赔

买了盗抢险，被保车辆的轮胎、大灯等配件丢失后，都可以得到保险公司理赔吗？答案是不可以，车辆部分零件和新增设备单独被盗，保险公司通常不会予以赔偿。车辆盗抢险全称机动车辆全车盗抢保险，是指投保车辆在非人为的、非故意的、非违章的情况下，发生盗抢，经报案、立案调查后，60天内仍然没有破案的，由保险公司赔付保险责任范围内的损失。若经侦查后车辆归还车主，保险公司需赔付车辆在盗抢期间受到的损失。也就是说，盗抢险承保范围为车辆本身，而不包括车上零部件或附属设备（图9-6-1）。

图 9-6-1　车辆上的贵重物品被盗

既然盗抢险的保障范围有限，那么就没必要投保该险种了吗？这个要根据自己的车辆情况来做决定，如果是新车，且是分期付款购买的，建议投保全车盗抢险。另外，还要看车辆平日停放的地方，如果停车环境不够安全，投保盗抢险是能够帮助车主降低风险损失的。

投保盗抢险后，在保险期间内，可以承保：被保险机动车被盗窃、抢劫、抢夺，经出险当地县级以上公安刑侦部门立案证明，满60天未查明下落的全车损失；被保险机动车全车被盗窃、抢劫、抢夺后，受到损坏或车上零部件、附属设备丢失需要修复的合理费用；被保险机动车在被抢劫、抢夺过程中，受到损坏需要修复的合理费用。

与此同时，广大车主还可以考虑购买不计免赔险。不计免赔险是一种商业车险（车损险或第三者责任险）的附加险，需要以投保任一主险及其他设置了免赔率的附加险为投保前提条件，不可以单独进行投保。通常在发生保险事故时，无论是谁的责任，都有一个免赔额，但免赔的比例会因责任不同而不同，就是车主都要自负一部分。如果投保不计免赔险，车主就不需要自己负责这一部分费用了，保险公司在保险金额内按损失程度全额赔付。也就是说，不计免赔险让本应由投保人自己承担的部分责任转嫁给了保险公司（图9-6-2）。

图9-6-2　购买不计免赔险

需要提醒的是，一旦车辆发生了盗抢事故，请被保险人在24小时内报案并通知保险公司。同时被保险人在申请理赔时，要提供保险单、损失清单、有关费用单据、机动车登记证书、机动车来历凭证以及出险当地县级以上公安刑侦部门出具的盗抢立案证明。